MEDITACIÓN

Guía para sanar el alma y encontrar la paz

(Técnicas de atención plena para la meditación)

Willka Lira

Publicado Por Daniel Heath

© **Willka Lira**

Todos los derechos reservados

Meditación: Guía para sanar el alma y encontrar la paz
(Técnicas de atención plena para la meditación)

ISBN 978-1-989853-78-8

Este documento está orientado a proporcionar información exacta y confiable con respecto al tema y asunto que trata. La publicación se vende con la idea de que el editor no esté obligado a prestar contabilidad, permitida oficialmente, u otros servicios cualificados. Si se necesita asesoramiento, legal o profesional, debería solicitar a una persona con experiencia en la profesión.

Desde una Declaración de Principios aceptada y aprobada tanto por un comité de la American Bar Association (el Colegio de Abogados de Estados Unidos) como por un comité de editores y asociaciones.

No se permite la reproducción, duplicado o transmisión de cualquier parte de este documento en cualquier medio electrónico o formato impreso. Se prohíbe de forma estricta la grabación de esta publicación así como tampoco se permite cualquier almacenamiento de este documento sin permiso escrito del editor. Todos los derechos reservados.

Se establece que la información que contiene este documento es veraz y coherente, ya que cualquier responsabilidad, en términos de falta de atención o de otro tipo, por el uso o abuso de cualquier política, proceso o dirección contenida en este documento será responsabilidad exclusiva y absoluta del lector receptor. Bajo ninguna circunstancia se hará responsable o culpable de forma legal al editor por cualquier reparación, daños o pérdida monetaria debido a la información aquí contenida, ya sea de forma directa o indirectamente.

Los respectivos autores son propietarios de todos los derechos de autor que no están en posesión del editor.

La información aquí contenida se ofrece únicamente con fines informativos y, como tal, es universal. La presentación de la información se realiza sin contrato ni ningún tipo de garantía.

Las marcas registradas utilizadas son sin ningún tipo de consentimiento y la publicación de la marca registrada es sin el permiso o respaldo del propietario de esta. Todas las marcas registradas y demás marcas incluidas en este libro son solo para fines de aclaración y son propiedad de los mismos propietarios, no están afiliadas a este documento.

TABLA DE CONTENIDO

Parte 1 1

Introducción 2

Capítulo 1. La Historia De La Meditación............................ 4

Capítulo 2. Los Beneficios Psicológicos De La Meditación.. 11

Capítulo 3. Los Beneficios Emocionales De La Meditación. 18

Capítulo 4. Los Beneficios Físicos De La Meditación 28

Capítulo 5. Los Diferentes Tipos De Meditación................. 51

Capítulo 6. Eligiendo La Técnica De Meditación Más Apropiada 60

Capítulo 7. Cómo Meditar 66

Conclusión 90

Parte 2 92

Introducción 93

La Necesidad De Meditar 100

LA MEDITACIÓN ES ENRIQUECIMIENTO PARA TU ALMA. 100
BENEFICIOS DE LA MEDITACIÓN PARA LA SALUD: 101
BENEFICIOS DE LA MEDITACIÓN SOBRE LA SALUD DE LA MUJER Y EL EMBARAZO: 103

Tipos De Meditación... 106

MEDITACIÓN DE ATENCIÓN ENFOCADA 106
MEDITACIÓN DE MONITOREO ABIERTO 107
PRESENCIA SIN ESFUERZO 108

Meditación Budista... 109

Meditación Vipassana 112

ORIGEN Y SIGNIFICADO 112
CÓMO HACERLO 113

Meditación De Mindfulness 117
Meditación De Bondad Amorosa (Meditación Metta) 120
Meditación Trascendental (Mt) 126
Meditaciones De Yoga 128
Autoinvestigación Y Meditación "Yo Soy" 134
Qigong (Chi Kung) 140
Meditación De Bondad Amorosa 147
Meditaciones Transformadoras 155
Postura De Meditación 157
Meditación Respiratoria **ERROR! BOOKMARK NOT DEFINED.**
Budismo Hoy .... **ERROR! BOOKMARK NOT DEFINED.**
Conclusión 161

Parte 1

Introducción

¿Te sientes estresado? ¿A veces sientes que tu vida está como en una montaña rusa con subidas y bajadas repentinas? La vida moderna puede ser muy agotadora en lo emocional, físico y mental. A pesar de todo esto, la meditación es una herramienta clave para enfrentar y mejorar estas situaciones. Y es que la meditación tiene maravillosos beneficios, y nos ayuda en muchas formas:
- Menos estrés
- Felicidad duradera
- Mejores relaciones
- Más creatividad
- Mejor productividad
- Incrementa la longevidad
- Mejora el sueño
- Reduce el dolor
- Una apariencia más juvenil

Si quieres aprender más de estos beneficios, esta guía te acompañará por el maravilloso camino de la meditación.

La meditación se ha descrito como la "píldora mágica" para sobrevivir al mundo moderno. A pesar de ser practicada en Oriente desde hace miles de años, la popularidad en Occidente apenas alcanza unos 200 años. Pero su popularidad va en aumento, a medida que muchos de sus beneficios salen a la luz.

En esta guía se repasan los siguientes temas:
- Los orígenes de la meditación
- Los diferentes tipos de meditación
- Cómo se practica la meditación
- Cómo beneficia la meditación en el contexto emocional, físico y mental.

¡Comencemos este viaje!

Capítulo 1. La historia de la meditación

Tiempos antes de Cristo (a.C.)
La meditación ha estado presente por miles de años, aunque se desconoce exactamente la fecha de su comienzo. Los arqueólogos han encontrado artefactos que aportan evidencias a las teorías de varios estudiosos del tema, sugiriendo que se trata de una práctica con alrededor de 5,000 años de antigüedad. Sus orígenes estuvieron siempre basados en prácticas religiosas, pero en la actualidad, en Occidente, muchas personas que la practican no tienen un interés en las referencias a la religión, sino más bien en la asombrosa capacidad de esta práctica para mejorar el bienestar.

Año 1,500 a.C. Los primeros registros documentados sobre meditación se encontraron en la India, arraigados a la religión Hindú. Son las enseñanzas de los llamados "Vedas".

Años 600-500 a.C. La meditación budista comenzó en China e India. Sus orígenes exactos son desconocidos, pero se cree que están ligados a los sutras del Tipitaka (o Canon Pali), una colección de antiguos textos budistas.

Años 400 a.c.- 100 a.c. La filosofía del yoga, la meditación y la espiritualidad denominada *"Bhagavad Gita"*, y el esquema de las "8 extremidades del yoga" registrados en "Los Sutras del Yoga de Patanjali"fueron escritos.

En Occidente, cerca del año 20 a.c., Filón de Alejandría había escrito ejercicios de concentración con enfoques meditativos.

Tiempos después de Cristo (d.C)

Año 2 d.C. Plotino desarrolló una técnica de meditación formal.

Año 5 d.C. El primer concepto "Zen" llega a China central desde Bodhidharma, y se funda la primera escuela en el Este asiático por Zhivi.

Año 6 d.C. El Budismo fue promovido en Corea por Wonhyo y Uisang.

Las prácticas de meditación también son observadas en el Judaísmo. En la Torá, se dice que el patriarca Isaac *"lasuach"* en el campo, un término que se ha entendido como un tipo de práctica meditativa. Existen más referencias de la Biblia hebrea que explican las tradiciones meditativas en las enseñanzas del Judaísmo.

Año 7 d.C. Crece el Budismo japonés y se desarrollan prácticas para la meditación.

Año 600 d.C. Dosho, un monje japonés, aprendió sobre el Zen durante una visita en China en el 653 d.C. Cuando regresó a Japón, abrió la primera sala de meditación en Nara.

Años 1000-1100 d.C. En la religión Islámica, la invocación a Dios conocida como *"Dhikr"* incorporaba técnicas meditativas. Algunas son encontradas en las prácticas del Sufismo (que aparece en los siglos XI y XII), incluyendo la repetición de palabras sagradas y control de la respiración.

Año 1200 d.C. El Zazen, una forma de meditación utilizada por monjes japoneses, llegó de China cuando el monje japonés Dogen regresó tras visitar esa región.

En la Edad Media, la meditación judía había crecido y se había transformado. La práctica llevó al desarrollo e inclusión de enfoques meditativos tanto a los rezos como al estudio.

En la religión cristiana oriental, una postura específica y la repetición de una frase fueron incluidas de forma regular en la meditación. Entre los siglos X y XIV, en el tiempo bizantino, la tradición del Hesicasmo fue creada. Se trata de un método de meditación llevado por una introspección profunda y que interrumpe temporalmente los sentidos.

Por otra parte, la meditación cristiana de Occidente no involucra ninguna postura o repetición en particular. Es una evolución de una lectura divina (*Lectio Divina*) que fue leída entre los monjes Benedictinos en el siglo VI. Seis siglos más tarde (s. XII), un monje llamado Guigo II propuso un proceso meditativo basado en una especie de escalera con 4 pasos: leer, reflexionar, rezar y contemplar. Este, fue desarrollado más adelante por dos santos en el siglo XVI: Ignacio de Loyola y Teresa de Ávila.

En el siglo XVIII, las traducciones de las enseñanzas antiguas del Budismo llegan a las costas occidentales. En la década de 1890, se desarrollaron nuevas escuelas de yoga por gurús como Vivekananda.

Siddhartha, que cuenta la historia del viaje espiritual de Buda, fue publicado por Hermann Hesse en 1922.

En 1927, se publica el *"Libro de la Muerte"*, un famoso título proveniente del Tíbet acerca del Budismo. Atrajo a muchos occidentales a las enseñanzas de esta doctrina.

La meditación de autodiscernimiento o de auto observación llamada "Vipassana" comienza en Burma en la década de los años 50.

Un libro llamado *"Los vagabundos del dharma"* (de Jack Kerouac) es publicado por primera vez en 1958. Generó mucho interés y curiosidad acerca de la meditación.

Nuevos tipos de meditación comenzaron a surgir en la década de 1960, incluyendo la Meditación Trascendental (TM en inglés).

El mundo de la medicina comenzó a mostrar interés por los efectos de la meditación y la conciencia plena (*mindfulness* en inglés) cuando el Dr. Jon Kabat-Zinn abrió el *Mindfulness Centre* en 1979. Luego él dio inicio al Programa de Reducción del estrés en la Universidad de Massachusetts, tratando pacientes con enfermedades crónicas.

El Centro Chopra para el bienestar fue fundado por los doctores Deepak Chopra y David Simon en 1996.

En 1997, un libro titulado *"El poder del ahora: una guía para la iluminación espiritual"* fue publicado por Eckhart Tolle. El libro incluyó temas como la conciencia del momento presente y la sintonización con el ser más profundo a través de la meditación.

El libro de Deepak Chopra titulado *"El cumplimiento espontáneo del deseo"* fue publicado en el año 2003. Destaca el uso de la meditación para enfocarse en los deseos propios y la forma de conectar al infinito de posibilidades que existen a nuestro alrededor.

El Centro Nacional de Medicina Alternativa y Complementaria publicó un estudio en 2007. En el estudio se expuso que el 9.4%

de los americanos meditaban.
En el 2012, la meditación se convertía en tendencia. Ya se podían encontrar grupos, maestros, clínicas, estudios, reuniones sociales, retiros y centros espirituales que se enfocaban en la meditación, combinada frecuentemente con el yoga. Se distribuyó ampliamente en América y el mundo Occidental en general.

El 8 de agosto de 2014, más de 100,000 personas alrededor del mundo se reunieron en la sesión de meditación más grande de la historia. Se realizó a favor de la paz.

Capítulo 2. Los beneficios psicológicos de la meditación

Estrés

Es justo decir que el estrés es una epidemia en el mundo moderno. La meditación ha mostrado tener un efecto significativo en la reducción del estrés; nos ayuda a enfocarnos en el presente, y a llevarnos a un estado de relajación profunda. Por otro lado, estimula los químicos que dentro de nuestro cerebro sonlos responsables de hacernos sentir felices y con energía, y disminuye la carga de sustancias que nos llevan a sentirnos ansiosos o con temor.

Neurogénesis

Justo antes de nacer, el ser humano posee cerca de un trillón de neuronas en su cerebro. Desafortunadamente, al llegar a la adultez esta cantidad se reduce a unas 100 billones. A medida que se envejece el número continúa disminuyendo, y es un proceso normal que por mucho tiempo se pensaba era irreversible. Sin embargo, un estudio publicado en la revista de

Medicina Natural en 1998 cambió esta idea, encontrando que el cerebro es capaz de regenerar neuronas. Justo como alguien que no hace nada por mantenerse saludable (subiendo de peso, débil y enfermo), con el cerebro sucede lo mismo. Así que, con el fin de mantenerlo en forma y sano, este también necesita ejercicio. Aprender un lenguaje, las creaciones artísticas o resolver acertijos mentales son una buena ayuda para la generación de nuevas neuronas; aunque por mucho, el campeón para su producción es la meditación.

La meditación no solamente equilibra ambos hemisferios cerebrales, sino que en realidad hace al cerebro más fuerte, saludable y lo ayuda a reconectarse, llevando a mejorar la capacidad de pensamiento drásticamente.

Todo esto puede tener un efecto profundo en los aspectos psicológicos sobre cómo funciona el cerebro. Mejora la memoria, el C.I. (Coeficiente intelectual), la capacidad de atención y el procesamiento de los pensamientos, mientras reduce las actividades asociadas con el miedo, la ansiedad, la depresión y la ira.

Con la práctica continua de la meditación, el sistema nervioso es pronto reconectado en su totalidad, organizándose a un nivel óptimo por todo el cuerpo.

Desórdenes mentales

Adicciones. ¿Tienes malos hábitos? ¿Te comes las uñas, fumas, bebes demasiado o, tienes adicción a drogas ilegales o a medicamentos prescritos? Todos son indicadores de que algo no está del todo bien con el funcionamiento de tu cerebro.

La meditación puede ayudarte a entender las razones detrás de estos comportamientos y dejar de justificar las razones para no hacer algo. Te ayudará a ver los beneficios de tu vida al evitar que esas malas conductas te controlen.

Un estudio en bebedores sociales frecuentes, demostró que la meditación y otros tipos de técnicas estructuradas de relajación, resultaron en una reducción significativa del consumo de alcohol.

Estudios similares con el cigarro y otras drogas han mostrado el mismo tipo de resultados. En un estudio, a unos prisioneros adictos a las drogas se les ofreció un curso intensivo de meditación con una duración de 12 semanas, meditando unos 30 minutos dos veces al día. Los resultados no solo se reflejaron en la mejora del estado mental general de los prisioneros, sino que también les permitió dejar sus malos hábitos con más eficacia que con cualquier otro programa de rehabilitación que habían intentado.

Fobias. Regularmente cuando las personas le temen a algo dicen que tienen una fobia. La verdad es que una fobia real es un desorden psicológico complejo y serio. No solo tiene un efecto negativo en la vida diaria de las personas, sino que también los lleva a tener respuestas irracionales o incluso peligrosas. Todos los desórdenes de pánico son provocados por el instinto de lucha o huida que se tiene dentro del subconsciente primitivo en nuestro cerebro. Utilizando la meditación, en realidad se pueden romper muchas de las conexiones de esta parte de nuestro cerebro, lo que alivia nuestra respuesta al miedo y puede, con el tiempo, recuperar a quien sufre de fobias.

Trastorno Obsesivo-Compulsivo (TOC). Para algunos que sufren de TOC, los pensamientos intrusivos que los llevan a actuar de una forma que a los demás les parece irracional o excesivo es el desafío de cada día. Desde estresarse por los gérmenes en la manija del carro del supermercado hasta obsesionarse de evitar las grietas en el pavimento, este padecimiento puede tomar distintas formas y convertirse en un bombardeo interminable de pensamientos que privan de la libertad a quien lo sufre.

Cada persona promedio tiene en su cerebro unos 70,000 pensamientos por día, pero alguien que sufre TOC puede tener un número significativamente mayor. Un número que la Asociación Americana de Psicología simplemente lo ha descrito como "muchos más".

Esto es resultado de la mente consciente siendo sobrecargada, lo que ocurre también con la ansiedad y la depresión.

La meditación permite un mayor acceso a

la mente subconsciente. Pone freno a las conductas compulsivas y le permite a la mente reenfocarse en otras cosas. Promueve la creatividad y mejora el sueño, al tiempo que reduce el estrés, la ansiedad y la depresión.

Desórdenes alimenticios
Los desórdenes alimenticios pueden ser muy difíciles de superar. Pero con la meditación también se ha visto que hay grandes beneficios. Puede ayudar a quienes sufren estos desórdenes a enfocar sus pensamientos en cosas más productivas, liberar las tensiones, mejorar los sentimientos de auto confianza y calmar los impulsos. Les ayuda a aprender que una vida feliz y saludable puede ser alcanzable, y lo más importante es que enseña a amarse a sí mismo tal y como se es. Esto se alcanza principalmente por cambios en los balances químicos del cerebro.

Otras enfermedades mentales también se benefician de la práctica regular de la meditación, incluyendo: depresión, demencia, Alzheimer, trastorno por déficit de atención/hiperactividad y bipolaridad.

Capítulo 3. Los beneficios emocionales de la meditación

Felicidad

Los científicos expertos en el cerebro han concluido que, entre más meditación se realice, más feliz será uno. La Dra. Sara Lazar, neurocientífica de Harvard, realizó un estudio en 2005 donde descubrió que la meditación regular incrementa la actividad neuronal de la corteza prefrontal. Esta es nuestra "región feliz" del cerebro. La Dr. Lazar concluyó que entre más años una persona practique meditación, más grande se hace esa región de su cerebro.

El solo hecho de que la meditación también alivia el estrés y nos aporta un sentimiento general de bienestar, debe ser un factor que contribuye a nuestra sensación general de felicidad.

Estabilidad emocional

No es algo nuevo decir que el estrés juega un papel importante como factor que contribuye a las enfermedades físicas y mentales. Numerosos estudios han respaldado este hecho, y es que en este mundo acelerado, es difícil no ser presa del estrés. Casi todo lo que hacemos provoca estrés, desde la comida que comemos hasta nuestros horarios apretados.Además, hay muchas expectativas puestas sobre nosotros, llevándonos inevitablemente al estrés. Tiene un efecto devastador en nuestras emociones, y fácilmente puede abrumarnos haciendo difícil enfrentarlo. La ciencia ha probado que la meditación regular trae a la mente un estado de relajación, junto con algunas herramientas necesarias para lidiar con el estrés.

La meditación libera hormonas que el cerebro requiere para elevar nuestras emociones, y bloquea los químicos que nos llevan a la inestabilidad. La meditación permite que estemos más equilibrados, en autocontrol y emocionalmente estables.

Timidez

Algunas personas son naturalmente tímidas. Ser introvertido puede tener efectos negativos para el día a día; con dificultades para relacionarse, obtener empleo o hacer amigos. De la misma manera, la meditación libera químicos cerebrales que ayudan al estado emocional, y estos mismos químicos pueden ser útiles para superar la timidez. La meditación nos permite sentirnos empoderados, fortaleciendo zonas del cerebro responsables de nuestras emociones y la felicidad. También nos permite controlar nuestro subconsciente así como nuestros miedos conscientes, que son la causa fundamental de la timidez.

Relaciones más fuertes
Tomar control de nuestros miedos y preocupaciones nos lleva a sentirnos más felices, emocionalmente estables, y refuerza la confianza y la autoestima. Si vives con miedos, dudas, ansiedades e infelicidad, no hay de qué asombrarse cuando las relaciones salen perdiendo.
Investigaciones llevadas a cabo en parejas han demostrado que la meditación tiene un efecto casi inmediato en el mejoramiento de las relaciones. Si es

practicada a largo plazo, cada aspecto de una relación mejora. Ayuda a formar lazos más fuertes, no solo con las pareja, sino con otros miembros de la familia, amigos, colegas de trabajo, etc. Mejora nuestra tolerancia hacia los otros, la capacidad para empatizar y perdonar; pero lo más importante, es que permite entendernos a nosotros mismos y apreciar más a los demás que acompañan nuestra vida.

Reduce el estrés y ansiedad

Acabar con el estrés es probablemente el beneficio más importante y atractivo de la meditación. Nuestros cerebros han sido comparados a los de un mono loco y borracho, o uno que ha sido picado por un escorpión. ¿Quisieras que ese mono controle tu vida? Quizá la analogía puede sonar un tanto extrema, pero es seguro que captarás la idea. La razón de esta analogía es que nuestras mentes están sobre estimuladas, y trabajan de una forma primitiva, caótica y desorganizada, tal como con los monos.

¿Porqué nuestro proceso de pensamiento es tan caótico? ¿Por qué nos ponemos tan estresados y ansiosos? Esto tiene que ver mucho con nuestros instintos de supervivencia. No hace mucho tiempo confiábamos en nuestro cerebro para que nos ayudara a mantenernos con vida cuando enfrentábamos una situación de vida o muerte, hablando de leones, tigres y osos (uy). Sí, los predadores fueron alguna vez una amenaza seria, igual que otros humanos peleando por territorio, comida o cualquier otra cosa de valor. En estos casos, nuestro instinto primario de supervivencia era esencial y provocó que tuviéramos reacciones de "pelear o huir" frente a los enemigos.

Cuando se desencadenan estas respuestas, también suceden reacciones con ciertos químicos:

- Adrenalina. Esta nos ayuda a enfocar nuestra mente y le da un gran aporte de energía. Prepara a nuestro organismo para pelear o huir. Asimismo, eleva el ritmo cardiaco y la frecuencia respiratoria, y puede provocar sudor.
- Norepinefrina. Actúa similar a la

adrenalina. Prepara a los músculos a responder a las situaciones. Ayuda también con el redireccionamiento de sangre al corazón, pulmones y músculos para asegurarse que estén listos para responder. Es como un respaldo de la adrenalina, cuando es necesario.
- Cortisol. Es la hormona del estrés, que también es liberada. No es tan inmediata como las anteriores, sino que toma unos minutos para que el cortisol fluya por nuestro sistema. Es el responsable de regular ciertas funciones del organismo como el equilibrio de fluidos y la presión sanguínea cuando somos expuestos a un ataque. El problema con el cortisol es que entre más estresadosestemos, incluso a bajos niveles, este químico se libera de forma continua. Esto puede llevar a que existan altos niveles de forma crónica, llevando a problemas de salud relacionados con el sistema inmune, presión sanguínea, azúcar en sangre y otros.

La realidad es que, en su mayoría, ya no tenemos porqué huir de leones, tigres u osos. Pero nuestro cuerpo es amenazado por nuevos enemigos que parece miramos de la misma forma. Todos los problemas del día a día que nos preocupan (dinero, trabajo, relaciones) nos provocan un estrés que nos hace reaccionar bajo la misma respuesta de "pelear o huir" alojada en la parte primitiva de nuestro cerebro.

Esta parte primitiva se le conoce como amígdala. Las imágenes por resonancia magnética han demostrado que la amígdala presenta una reducción en su tamaño tras la meditación regular. También han mostrado que las conexiones entre la amígdala y otras partes del cerebro eran debilitadas tras meditar, y las áreas asociadas a un pensamiento más consciente incrementaban en tamaño y fuerza. Apártate Einstein.

Ya se mencionaba que el número promedio de pensamientos que tiene el ser humano por día es de unos 70,000. Eso significa que podríamos tener un pensamiento negativo nuevo cada segundo. No sorprende que nuestras mentes estén abrumadas. Por suerte, la meditación también incrementa las hormonas de la felicidad y químicos como los GABA (tipo de neurotransmisores), la serotonina, la dopamina y las endorfinas. Todos estos han contribuido a nuestra racionalidad, en otras palabras, a alejarse de la "caótica mente del mono".

La meditación pone un alto a que estés reviviendo los problemas del pasado y repasando los posibles problemas del futuro una y otra vez. En lugar de eso, enfoca tu mente en el aquí y el ahora, permitiéndote realmente vivir cada momento y hacer cada uno como el mejor momento.

Control de la ira

Antes que nada, ¿Qué produce la ira? Generalmente ocurre cuando sentimos que estamos fuera de control. Es esa misma reacción primitiva de "pelear o huir" que toma control de nuestra mente racional.

La meditación permite que nuestro cerebro subconsciente primitivo deje de ser sobrerreactivo a las situaciones. Permite que nuestro cerebro de pensamiento avanzado encuentre la mejor solución a los problemas y que no incluya gritar u otras conductas agresivas.

Considera este ejemplo. El bote en el que te encuentras se está hundiendo. Dos personas están intentando tomar control de la situación, pero, ¿a quién harías caso? ¿a la persona que está gritando y siendo agresiva con los demás? o, ¿a quién se encuentra en calma y organizando, sugiriendo ideas estratégicas para enfrentar la situación?. Esta última persona tiene la misma cantidad de adrenalina, norepinefrina y cortisol corriendo por sus venas al igual que quien está gritando. La diferencia es que la persona calmada está utilizando su cerebro de pensamiento avanzado, no su mono primitivo que, o pelea o huye.

Algunas personas usan el enojo o la ira como arma, para subestimar o intimidar a los demás. Muy posiblemente te hayas cruzado con alguno de estos. Normalmente, son personas muy inseguras o con cierto complejo de importancia o deseo de poder.

Otros, se muestran enojados con la vida todo el tiempo, y se les conoce como auto saboteadores. Estos ignoran las oportunidades presentes para mejorar sus vidas. Dejan que su voz interior les convenza de que nada está nunca bien o suficientemente bien. No escuchan razones, odian que se les diga que no están bien o que cometieron un error.

Toda esta negatividad basada en el miedo puede ser rápidamente transformada a través de la meditación. Más que ser reactivo, nuestro cerebro se hará proactivo. Más que ser de mente limitada, se te aclarará un amplio panorama. Los sentimientos de impotencia e insuficiencia son transformados y reemplazados por autoestima y confianza en sí mismo. El cerebro de pensamiento avanzado es activado y la mente se calma, se hace más racional y clara de pensamiento.

Capítulo 4. Los beneficios físicos de la meditación

En este apartado se revisan a detalle algunos beneficios físicos sobre la meditación.

Longevidad

Si prestas atención a los medios de comunicación, posiblemente sabrás lo que es un antioxidante llamado resveratrol. Diversos artículos académicos han estudiado esta sustancia, más de 220,000 para ser más exactos. Lo que ha mostrado la investigación son las características del resveratrol como químico anti-edad. Se ha encontrado que contribuye a mejorar la memoria, inhibe las célulascancerígenasy las enfermedades vasculares, también por prevenir el Alzheimer y la demencia, reducir el colesterol y reparar los daños por radicales libres. En pocas palabras, son pequeñas dosis de una maravilla.

Las propiedades anti-edad que posee actúan de dos maneras. Primero, como un antioxidante poderoso, y segundo, por activar proteínas específicas de los genes llamadas "sirtuinas". Son tan poderosas sus propiedades, que han sido muy estudiadas por compañías farmacéuticas intentando aislar sus propiedades anti-edad, especialmente de la SIRT1, la cual se ha encontrado que incrementa las tasas de supervivencia celular. Desafortunadamente, para las compañías, envasar esta sustancia ha sido casi imposible.

La buena noticia es que esta sustancia puede ser activada de otras formas más allá de consumir un puñado de pastillascostosas. Beber vino tinto es una forma, pero otra es precisamente practicar meditación. De hecho, la meditación puede incrementar la SIRT1 hasta en un 52%, tal como lo demostró un estudio en 2017. En un período de 12 semanas, se evaluaron biomarcadores de envejecimiento celular en seis personas que practicaban meditación. Entre los resultados, se encontró que los niveles de sirtuina 1 se habían elevado significativamente (52%).Parece que meditar es un camino seguro para una larga vida.

El resveratrol y las sirtuinas no son los únicos involucrados en el tema de la meditación y la longevidad. Otro químico importante anti-edad, el óxido nítrico, es esencial para la correcta función del sistema inmune, el cerebro, los pulmones, el hígado, el páncreas y las arterias. Este se incrementa significativamente por la meditación regular. Regula la presión sanguínea, es un antioxidante antibacteriano, mejora la transmisión entre los nervios y las células, dilata los vasos sanguíneos, activa la erección masculina, entre otros beneficios.

Antes se pensaba que la mejor forma de promover un incremento del óxido nítrico era a través de una restricción rigurosa de calorías. Pero, en 2007, 88 tibetanos fueron sometidos a un examen sanguíneo según una investigación americana. Los investigadores encontraron que los individuos tenían 1000% más óxido nítrico en su sangre que lo normal. Se concluyó que a parte de la meditación, la elevada altitud también tenía un efecto. Luego, otro estudio realizado por la Universidad de Ohio en 2014, llevó a un grupo de practicantes de meditación principiantes a implementarla a altitudes regulares. Se encontró que tenían un 213% de incremento del óxido nítrico.

Pero los beneficios de la meditación como clave frente a la longevidad no terminan aquí. La meditación alarga los telómeros, que son una especie de tapas protectoras al final de cada hebra en el ADN. Estos, protegen a nuestros cromosomas de diversos daños, tal como las puntas plásticas de las agujetas que evitan que se deshilachen.

El ADN es el material genético que conforma a cada célula de nuestro cuerpo. Nos hace ser quienes somos. Las células de cada parte de nuestro cuerpo fueron diseñadas y creadas por nuestro ADN.

Para regenerarse, las células se copian a sí mismas. Este proceso ocurre de forma continua a lo largo de toda nuestra vida. Cada momento en que una célula se copia, los telómeros se van reduciendo, hasta que eventualmente están tan reducidos que el ADN está más expuesto para sufrir algún daño.

No solamente la edad reduce a los telómeros, también el estrés, las malas dietas, la falta de ejercicio, la obesidad y el cigarro tienen un efecto significativo en eso.

Científicos de la Universidad de California-Davis descubrieron que las personas que meditaban tenían más leucocitos (glóbulos blancos) y con telómeros más largos y fuertes que un grupo control. La razón de esto, nuevamente se atribuía a la reducción de estrés.

Antienvejecimiento en la piel

Otro gen afectado por la meditación es el NF-kB, y es el responsable de acelerar el envejecimiento de la piel. Estudios científicos han demostrado que la meditación lo desactiva. Y es que el gen causa inflamación crónica, activándose por muchos factores como el azúcar procesado, las malas dietas, sueño insuficiente, fumar, la luz solar, toxinas del ambiente y el campeón de todos: por el estrés. Entendiendo que la meditación reduce de forma importante nuestros niveles de estrés, reduciendo también el cortisol y alterando nuestra respuesta cerebral al miedo, es posible desactivar las funciones del gen NF-kB.

Dolor y enfermedades

Las personas que sufren de dolor crónico, muchas veces solo se acostumbran a vivir con ello. Se ha demostrado que la meditación tiene efectos significativos para reducir el dolor, ocurriendo de distintas formas:

- La meditación modifica las vías neurales dentro del cerebro; lo que en cierta forma puede anular los procesos de conciencia del dolor. Imágenes de resonancia magnética en 18 pacientes se realizaron y evaluaron por la Wake Forest University en 2011. Después de solo 4 días de meditación, los centros de dolor en los cerebros de los pacientes se encontraban un 57% menos activos.
- El estrés lleva a nuestro cerebro a liberar cortisol. Esto, luego lleva a incrementar la inflamación, elevar la

presión arterial, incrementar la frecuencia cardiaca y además puede llevar a episodios de dolor importante. La meditación reduce el estrés y la liberación de cortisol, lo que en consecuencia, resulta en una reducción del dolor.
- Cuando se experimenta dolor, la mayoría de nosotros buscamos todo tipo de "calmantes" en el botiquín del baño. El problema con esto es que los medicamentos siempre traen toda una lista de efectos secundarios molestos. Pueden dañar nuestro organismo, crear dependencia o incluso una adicción. También pueden bloquear nuestros sentidos, y es claro que resuelven un síntoma rápidamente, pero no combaten su origen. La meditación funciona de una manera muy diferente, ya que esta libera endorfinas, unas sustancias naturales en el organismo y que combaten el dolor. No tienen efectos secundarios y estimulan a nuestro organismo en su capacidad de sanación.

Sistema inmunitario

La meditación no solamente nos ayudará con el alivio del dolor, sino que también le da al sistema inmunitario un impulso significativo. Y es que el estrés y un sistema inmunitario débil van de la mano.

Un ejemplo interesante es el caso de un holandés llamado WimHof o "el hombre de hielo". Utilizando la meditación, él ha entrenado su cuerpo a soportar temperaturas extremas bajo cero. Por otro lado, los médicos le han inyectado bacterias causantes de síntomas de resfriado y no ha mostrado respuestas a la enfermedad. Así, ha demostrado que su sistema inmunológico es tremendamente eficiente.

En la Universidad de Wisconsin-Madison, se realizó un estudio en 25 empleados sanos. Practicaron meditación consciente por 8 semanas. El estudio encontró que la meditación activaba un área importante de su cerebro y que está ligada al funcionamiento del sistema inmunológico. Esto también mostró una respuesta de los anticuerpos muy poderosa cuando a los participantes se les aplicó una vacuna de la gripe.

Células T y anticuerpos
También son optimizados mediante la meditación al mejorar el sistema inmunológico. Las células T y los anticuerpos trabajan como sistema de defensa de nuestro organismo. Son como soldados que nos defienden de amenazas por virus, bacterias y gérmenes. El verdadero poder de esto se ha demostrado en estudios médicos realizados en personas con VIH. Uno de estos estudios, desarrollado por la Universidad de California en Los Ángeles (UCLA) se aplicó en 50 hombres VIH positivo. El estudio encontró que con solo30 o 45 minutos de meditación consciente por día, lapérdida de células CD4 T que normalmente ocurre por el ataque del virus, era notoriamente menor. En algunos casos, la meditación incluso les ayudó a detener la progresión de la enfermedad en su conjunto.

Dolor de cabeza

La investigación llevada por el Dr. Herbert Benson, la Lic. Helen P. Klemchuck y el Dr. John R. Graham, encontró que la práctica regular de meditación puede reducir el dolor de cabeza en un 37% o más. El estudio también mostró que algunas formas de meditación eliminaron de forma completa los dolores de cabeza en algunos pacientes.

Los dolores de cabeza tienen un gran número de causas, entre ellas se encuentra la tensión, particularmente en el rostro, mandíbula y cuello. Ya que la meditación relaja el cuerpo completo, esto puede aliviar el problema, en este caso, los dolores de cabeza.

Cerebro

Se ha visto que la meditación tiene diversos efectos impresionantes en el cerebro. Los patrones de onda cerebral de alguien con un cerebro enfermo o desequilibrado, muestran que los dos hemisferios del cerebro están desbalanceados. Un lado trabaja más que el otro, o sea, no están sincronizados.

El hemisferio izquierdo es responsable del pensamiento lógico matemático, científico y práctico. Por otro lado, el hemisferio derecho se encarga del pensamiento intuitivo, creativo y abstracto. Mediante la meditación, las ondas cerebrales pueden transformarse, llevando a ambos hemisferios a estar más balanceados. Esto permite al cerebro reorganizarse y crear nuevas redes neuronales, llevando así a los hemisferios a trabajar y comunicarse de forma conjunta. A esto se le conoce como "sincronización cerebral completa".

Los beneficios obtenidos por la sincronización cerebral completa, incluyen un incremento significativo en su capacidad de fortalecerse y de crecer. También incrementa la neuroplasticidad del cerebro, que refiere a que tu mente está más despierta, permitiéndote estar más enfocado y con pensamiento profundo. Mejorará tu memoria, tu intelecto, tu desempeño cognitivo y en general, mejorará tu salud mental. Nos hace más felices, con menos sentimientos de ansiedad, ira, depresión o adicción.

Entre más meditación hagamos, más de estos efectos podremos ver. Cabe decir que la evidencia de todo esto está respaldada por cerca de 1000 estudios en neurociencia.

Hormonas y químicos

Muchas de las hormonas y otros químicos importantes en nuestro organismo son afectadas directamente por la meditación.

- *Hormona del crecimiento.* Después de la pubertad, esta hormona es la responsable de mantener nuestros tejidos corporales fuertes, saludables y jóvenes.
- *Melatonina.* Responsable del sueño, pero también para regular los ciclos menstruales femeninos, estimular la producción de glóbulos blancos, y ayuda a los pacientes con algún tipo de desorden de déficit de atención y/o hiperactividad. También minimiza la pérdida ósea y puede ayudar en la prevención y tratamiento de algunos tipos de cáncer, en depresión, síndrome del intestino irritable entre otros.
- *Dehidroepiandrosterona.* Esta, mejor

conocida como DHEA o también "la molécula de la longevidad", contrarresta los efectos del estrés. A medida que se envejece, la producción de la DHEA también decrece, sin embargo la meditación puede tener un importante efecto en esto. Ayuda a combatir la depresión, a la pérdida de peso, normaliza la función de la glándula suprarrenal, mejora el desempeño sexual y la libido, ralentiza el envejecimiento cerebral, disminuye la progresión del VIH, combate la diabetes, contribuye a la mejora en algunos tipos de cáncer, previene la resistencia a la insulina, reduce el colesterol, y tiene numerosos efectos benéficos en el lupus, eczema, asma, urticaria y neumonía.

- *Serotonina y Acido Gamma Amino butírico (GABA).* Si tenemos bajos los niveles de estos químicos en el cerebro, seremos vulnerables al estrés, la ansiedad y la depresión. Tomar medicamentos para controlarnos no es lo más conveniente, ya que llevan a sentirse como una especie de zombi, somnoliento, con pérdida de memoria, confusión, mareos, falta de concentración, visión borrosa, náuseas, fatiga, ganancia de peso y muchos otros que pueden incluirse. La triste verdad es que estudios clínicos han demostrado que estos medicamentos ni siquiera funcionan, pareciendo que más bien tienen un efecto placebo. Se tienen muchos estudios que demuestran que la meditación estimula estos importantes químicos cerebrales sin la necesidad de pastillas.

- *Endorfinas.* Junto con la dopamina, tienen un fuerte efecto en la sensación de felicidad. Las endorfinas son sustancias naturales anti-dolor; y son liberadas a través del ejercicio. Entre más ejercicio se realice, más endorfinas son liberadas, por eso el deporte puede hacerse adictivo. Un ejemplo interesante es que el nivel de endorfinas liberado a través de la meditación puede ser incluso mayor que por correr.

- *Cortisol.* El cortisol es la hormona del estrés. Afortunadamente la meditación reduce su producción. Esta sustancia puede tener efectos muy negativos en el organismo.

¿Cómo se pueden comprobar todos los puntos anteriores? la meditación, al igual que cualquier otro pensamiento que se tiene, tiene un efecto directo en nuestro organismo, desde el sistema inmunitario hasta los órganos, tejidos y células.

Sueño y relajación

El sueño no solamente se trata de cuántas horas dormimos cada noche; sino de la calidad del sueño que se tiene. Tal como dice el viejo dicho: "la calidad sobre la cantidad", y es que el cerebro requiere de las diferentes etapas del sueño para regenerarse. Además, es esencial para el bienestar físico, mental y emocional del individuo. Los científicos han llevado a cabo estudios del sueño por muchas décadas y entienden bien sus procesos.

La producción de la melatonina se incrementa con la meditación y contrariamente, se reduce con el estrés. La melatonina es crítica cuando nos vamos a dormir.

La Universidad Rutgers llevó a cabo un estudio que demostró que la meditación impulsaba los niveles de melatonina entre 90 y 300%, lo cual es mucho más efectivo que algún tipo de suplementos. Esto ocurre porque la melatonina es requerida en el cerebro, y la que está presente en el cuerpo, no puede atravesar la barrera de sangre cerebral. Esto lleva a que los suplementos sean completamente inefectivos para incrementar los niveles de melatonina en el cerebro. Por ello, es necesario darle al órgano lo necesario para que produzca melatonina por sí solo.

Cuando no podemos dormir, las ondas cerebrales tipo beta, conocidas por ser dominantes cuando estamos ansiosos o deprimidos, están operando. Entre más nos estresemos de no poder dormir, se hará más difícil hacerlo. Los practicantes de meditación generan pocas ondas beta, y muchas de tipo alpha, theta y delta. Estas últimas, contribuyen a los deseos de calma e incrementan nuestro sentido del placer. También, nos permiten dormir mejor.

Cuerpo

La meditación incrementa nuestros niveles de energía. Nos ayuda a mantener un corazón saludable, mejora la circulación, reduce la respiración (y en consecuencia el consumo de oxígeno), reduce el dolor y la tensión muscular. Puede ayudar a la salud general.

- Incrementa la energía.Existen muchas formas donde se ha demostrado que ayuda a incrementar los niveles de energía.

- La reducción en la producción de cortisol incrementa los niveles de energía alrededor del 50%.
- El incremento en endorfinas liberadas, resulta en un aumento de energía.
- Buena calidad de sueño profundo. Entre más energía acumulamos dormidos, más energía tenemos durante el día.
- La DHEA, uno de los químicos

cerebrales producidos por la meditación, también se conoce que tiene efectos en la energía y vitalidad. Por esta razón,es frecuentemente un ingrediente en los suplementos energéticos, que por supuesto son mucho menos satisfactorios por sus efectos secundarios a largo plazo.

- La producción de la hormona del crecimiento incrementa, impactando en la reducción de la fatiga. Como nuestro cuerpo produce menos DHEA y hormona del crecimiento a medida que envejecemos, también nos hacemos más letárgicos y con facilidad para la fatiga. La meditación puede revertir esto.

- Salud cardiaca. El Dr. Carl Stonier, un psicólogo de la Universidad de Hull, realizó un estudio en 40 pacientes con enfermedades cardiacas a lo largo de un año. La mitad del grupo practicaba meditación guiada de forma regular, mientras que la otra proporción solamente recibía acompañamiento psicológico durante el tratamiento. Seis de los pacientes en el grupo de meditación fueron retirados de la lista de espera de cirugía cardiaca. Además, ninguno de los pacientes de este grupo murieron, a pesar de que muchos de ellos estaban en la lista de trasplante de corazón antes del estudio. Por otro lado, seis de los pacientes del grupo que solo recibía acompañamiento fallecieron por causas ligadas al corazón. Los pacientes en el grupo de meditación fueron también capaces de reducir de forma significativa (o incluso totalmente) su dependencia a la medicación. Por los sorprendentes resultados de ese estudio, a los pacientes restantes del grupo que no meditaba, luego se les incluyó esta actividad en su terapia.

Pero ese estudio no es el único en el tema.Se ha demostrado que la meditación puede mejorar la circulación y la frecuencia cardiaca. Esto simplemente se atribuye a la capacidad de la meditación para relajar la mente y producir un balance químico correcto que relaje naturalmente y reduzca la frecuencia cardiaca y respiratoria. Esto, consecuentemente permite al corazón y a los pulmones trabajar de forma más eficiente y tener más oxígeno circulando en el cuerpo (al reducir su consumo).

La meditación es recomendada para todas las edades, y se ha demostrado que puede ser muy beneficiosa para aquellos en edades avanzadas. Ayuda a la memoria, al sistema digestivo, activa los químicos cerebrales relacionados con la felicidad y mejora la función cerebral, enfocando la mente a medida que se libera del estrés. Todo esto es tremendamente beneficioso para la salud de todas las personas.

Sistema reproductivo

- Síndrome premenstrual (SPM). No solo implica cambios de humor. También incluye otros síntomas físicos y psicológicos como hinchazón, dolores de cabeza, insomnio, ansiedad y depresión. Casi todas las mujeres han experimentado el SPM en algún nivel

durante su vida. Los doctores han intentado prescribir distintos medicamentos para contrarrestar algunos de estos síntomas, y que están ligados a un desequilibrio hormonal. La meditación puede reducir la tensión, la ansiedad y la depresión. Puede ayudar a quien sufre SPM a reducir la irritabilidad, a estar más feliz y más relajada.
- Libido e impulso sexual. Esto también puede beneficiarse con la meditación. Cuando nos sentimos estresados, la sangre se acumula en los órganos más grandes. Esto lleva a que tanto nuestra energía como las emociones se drenen. Practicar meditación reduce el estrés y energiza nuestro cuerpo y mente, que luego se traduce en nuestro impulso sexual.
- Infertilidad. Lamentablemente, existen muchas causas físicas de infertilidad presentes en los hombres y las mujeres, aunque cabe decir que también se tienen causas emocionales. Cuando nos estresamos, nuestros cuerpos "apagan"

funciones no esenciales, y esto puede llevar a la dificultad para concebir que puede llevar a una pareja a desesperarse para conseguirlo. Esto, obviamente lleva a ansiedad y más estrés que solo exacerba el problema. El estrés agudo no solo causa infertilidad, sino que también puede producir abortos involuntarios. Ya que la meditación reduce el estrés, en el caso de la infertilidad puede producir mejoras significativas, además de reducir los riesgos de pérdida.

- Embarazo. Los tantos beneficios de la meditación son maravillosos, no solo para la madre gestante sino para el feto por nacer. Se recomienda durante todas las etapas del embarazo para formar un fuerte vínculo entre la madre y el bebé. También funciona como un antidepresivo natural, eliminador del estrés y bloqueador el cortisol. La futura madre tendrá más energía, se sentirá más feliz y tendrá un sueño inmejorable.
- Parto. Se considera que no solo el

incremento de los niveles de dopamina y endorfina (que ayudan a controlar el dolor de forma natural), sino también los procesos de meditación, ayudan a la futura madre a enfocarse en la respiración y en su cuerpo durante el parto. Las técnicas de visualización son muy beneficiosas.

Capítulo 5. Los diferentes tipos de meditación

Existen dos "tipos" de meditación. Una es la de monitoreo abierto y la otra de atención enfocada. En la primera, permites que pensamientos y sentimientos entren a tu mente, aunque no les das importancia y luego los dejas pasar para poner de nuevo tu mente a la deriva. Piensa en esto más como si vieras nubes flotando y moviéndose junto con la brisa. Los sonidos y los aromas son reconocidos, pero al igual que con los pensamientos, no reaccionamos ante estos. Este tipo de meditación se practica en la meditación consciente plena (*Mindfulness* en inglés), en Vipassana y algunas formas de meditación Taoísta.

Por su parte, las técnicas de meditación con atención enfocada involucran concentrarse en una cosa durante el proceso. Esto puede ser un objeto, mantra, respiración, visualización o una parte del cuerpo. Es extremadamente difícil empezar con esta, ya que hay que evitar que los pensamientos y otros factores externos entren a la mente. Pero estas distracciones pueden irse reduciendo a medida que progresamos en la técnica, y que puede llevar años alcanzar. Algunos ejemplos de este tipo de meditación incluyen: la de Mantra, la Samatha, Chakra, Zazen, la de la bondad amorosa, la Kundalini, Pranayama, Qigong y la de sonidos.

A continuación se revisan más detalles de los tipos comunes de meditación:

1. Meditación consciente plena (*Mindfulness* en inglés).

Se trata de una técnica de monitoreo abierto. Trata sobre estar "en el momento", de estar consciente de las cosas que nos rodean, pero no ser reactivo ante ellas. Esto incluye no solo a los sentidos (vista, oído, tacto, gusto) sino también a los pensamientos y emociones.

2. Vipassana.

Se trata de otra técnica de monitoreo abierto. Involucra ver las cosas como son realmente, lo que requiere una total eliminación de prejuicios e impurezas mentales para así poder alcanzar una liberación y felicidad. Se enfoca sobre la conexión entre la mente y el cuerpo a través de una atención disciplinada. Se basa en la observación, y enseña a entender los propios sentimientos y pensamientos, ayudando a liberarnos del sufrimiento, incrementando la conciencia y el autocontrol. Con la práctica, se puede alcanzar una mente bien equilibrada y llena de amor y compasión.

3. Taoísta.

Es de tradición china y se basa en las filosofías del Taoísmo y el Daoísmo. Su enfoque es vivir en armonía con la naturaleza, pero también las influencias budistas están presentes.

Este tipo de meditación trata sobre la generación de energía interna, la transformación y la circulación. Se centra en calmar la mente y el cuerpo, la unificación del cuerpo y el espíritu y encontrar la paz interna. También puede enfocarse en mejorar la salud y prolongar la vida.

4. Mantra.

Un mantra es una palabra, frase o sonido que se repite continuamente durante la meditación. Se deriva del sánscrito y tiene dos raíces: *man* (que significa mente o pensar) y *trai* (que significa liberarse de, protegerse o herramienta/instrumento). Así, la traducción literal de *mantra* es "una herramienta para liberar la mente".

Este tipo de meditación es practicada por distintas tradiciones contemplativas, culturas y religiones alrededor del mundo.

Los mantras pueden ser palabras que no tienen significado o que solamente aportan un sonido de gran calidad. Pueden ser enunciados completos cortos o largos, simples palabras o incluso solo sílabas. Algunos mantras son recitados por un meditador y otros solo son escuchados. Pueden hacerse rápido si el objetivo es crear energía y entusiasmo, o de forma lenta, cuando se busca alcanzar paz y calma. Pueden estar también vinculados a otras técnicas como las de respiración, visualizaciones o chakras.

5. Zazen.
También conocida como Zen o budista. Está basada en las "4 nobles verdades" que son:
- Vivir significa sufrir.
- El origen del sufrimiento es el apego.
- La suspensión del sufrimiento es alcanzable.
- El sendero a la suspensión del sufrimiento.

Zazen significa "meditación sentado" en Japonés, y proviene del Budismo Zen chino.

6. Meditación de la bondad amorosa (*Metta*).

Metta significa bondad, buena voluntad y benevolencia; y es una palabra proveniente de la lengua Pali de la India. Tiene sus orígenes en las tradiciones budistas del Tibet y del Theravada. Se basa en la idea de la meditación de compasión, con el objetivo de desarrollar emociones positivas, amorosas y de aceptación hacia sí mismo y hacia los demás.

7. Meditación Trascendental.
Esta es una forma específica de meditación

de los mantras, y fue desarrollada en la India por el Yogi Maharishi Mahesh en 1955. Más tarde, ganó popularidad en Occidente a finales de la década de los años 60 y 70 por famosos del momento como The Beatles y The Beach Boys.

Se estima que hay más de 5 millones de personas que practican este tipo de meditación en el mundo, y hay cerca de 600 artículos científicos publicados sobre los beneficios obtenidos con este tipo de meditación.

Sin embargo, la meditación trascendental solo puede aprenderse al acudir a un curso especializado que suele ser muy costoso. Se ha asociado con actividades de culto, por lo que se ha puesto en duda la legitimidad de algunas investigaciones. Es una actividad rodeada de muchas críticas.

8. Meditación del Yoga.

Existen varias meditaciones asociadas con el yoga, que en sí mismo significa "unión" y es una forma de ejercicio que emplea posturas físicas, respiración y meditación contemplativa.

Se cree que es la forma más antigua de meditación sobre la Tierra y tiene una amplísima variedad entre sus prácticas.

9. Yo soy.

Proviene de la traducción del sánscrito que investiga nuestra verdadera naturaleza, llamada "atmavichara" o "¿quién soy yo? Encuentra esta respuesta a través de la meditación, mientras se desarrolla un cercano autoconocimiento. Tuvo popularidad en el s. XX debido a un sabio indio llamado RamanaMaharshi. Existe hoy un movimiento que está muy inspirado en sus enseñanzas, llamado el movimiento de la no-dualidad o neo-advaita, y hay varias formas practicadas por maestros contemporáneos, incluyendo: Mooji, Adyashanti y EckhartTolle.

10. Qigong (Chi Kung).

Proviene del chino y significa "el cultivo de la energía vital". Es una mezcla de ejercicio, meditación y artes marciales. Desarrollado para la salud de la mente y el cuerpo, incorpora movimientos corporales muy lentos, regula la respiración y fortalece el enfoque interior.

Algunas prácticas daoístas también incorporan el Qigong, pero también es utilizado como método independiente.

11. Meditación cristiana.

En las tradiciones meditativas de Oriente, el propósito de la meditación es llegar a la "iluminación". No obstante, en las tradiciones cristianas, es más común que la meditación sea practicada para otros propósitos, como lograr un entendimiento más profundo, la purificación moral o la cercanía con Dios. Esto puede tomar diversas formas, incluyendo la repetición en silencio de una palabra y oraciones con un significado sagrado para centrar la devoción. La contemplación, que implica la lectura y el pensamiento sobre las enseñanzas y eventos descritos en la Biblia, así como la meditación silenciosa (conocida también como "sentarse con Dios"), llevan a la mente, al corazón y al alma a enfocarse en la presencia de Dios.

12. Meditación guiada.

Estupenda opción para los principiantes, se practica utilizando muchas de las diferentes tradiciones ya repasadas. En esta, un guía o maestro te conduce en el proceso meditativo.

Debido a que la meditación requiere de disciplina para tener el tiempo y la motivación necesarios, unirse a un grupo de meditación en tu localidad o incluso *on line* donde puedas practicarla en compañía, puede ayudarte a que comiences a involucrarte en ella.

Recuerda que no tienes que seguir un tipo específico de meditación, solo haz lo que sientas es lo mejor y simplemente busca un lugar tranquilo donde no tengas distracciones. Utiliza un reloj para establecer el tiempo que consideres necesario para la meditación y escoge cuál quieres practicar, si alguna de monitoreo abierto o de atención enfocada.

Capítulo 6. Eligiendo la técnica de meditación más apropiada

Meditación consciente plena
(Mindfulness, **en inglés)**

Esta es probablemente una de las formas más simples de meditación para un principiante. Puede practicarla cualquiera que desee beneficiarse física y mentalmente de la meditación. Se emplea en todo tipo de lugares, incluyendo: escuelas, hospitales, negocios, grupos comunitarios y otros. No requiere estar unido a una religión o creencia; aunque si se busca un desarrollo espiritual es igual de relevante. Puede ser un primer paso para la meditación, o puede ser tu meditación preferida y que siempre realices.

Vipassana

Este tipo de meditación es excelente como ayuda para que te centres en tu cuerpo y comprendas tus procesos mentales. Los maestros de Vipassana no son difíciles de encontrar, y también es posible ver videos en línea o asistir a retiros. Siempre hay formas gratuitas de aprenderlo y no hay rituales que se practiquen con este tipo de meditación. Como con el caso de la meditación consciente plena, es una buena opción para comenzar el viaje a la meditación.

Taoísta

La naturaleza y estar conectado al cuerpo es el enfoque real de este tipo de meditación. También es útil para todo aquél que disfrute el Tai Chi u otro arte marcial. En este caso, es un poco más difícil encontrar maestros que te ayuden a establecerte con este método.

Mantra

Si tienes un cerebro que no se detiene y crees que tu mente es muy activa como para aprovechar los estilos de monitoreo abierto, entonces la meditación mantra es lo que necesitas, ya que tendrá tu mente ocupada en algo a parte de solo respirar. Así, el enfoque que se le pide a la mente para concentrarse en procesos de pensamiento, puede ayudar a recuperar el control. Algunas personas practican ambos tipos de meditación dependiendo su estado mental.

Zazen

Hay mucha información disponible sobre la meditación Zazen (o Zen). Aunque es en gran medida una práctica budista, también puede encontrarse en muchas otras comunidades. El énfasis aquí es mantener una postura erguida para ayudar a la concentración. Tiene un estilo más bien sobrio y trata sobre aclarar la mente. El Zazen en ocasiones puede incorporar otros elementos, incluyendo: cantos, rituales, lecturas grupales y las enseñanzas de Buda.

Meditación de la bondad amorosa

Beneficiosa no solo para cultivar la altruismo y el desapego, sino también para centrarse en sí mismo. Con este tipo de meditación, el enfoque está en el dar, que es una energía extremadamente positiva. Es casi imposible mantener sentimientos de negatividad, y es buena para las personas que carecen de confianza o autoestima; y para quienes sufren por ira, insomnio o pesadillas. Puede ser beneficiosa para las relaciones sociales también.

Meditación trascendental

Su aprendizaje solamente es posible con ayuda de un instructor certificado. Es costosa y lleva a cabo rituales. Se ha conectado a grupos de culto.

Yoga

Existen diversas formas de yoga, y muchas personas la practican junto con otras formas de meditación no física de forma compenetrada. Debido a que hay muchos tipos, y que las clases disponibles (en internet o presenciales) son ampliamente ofrecidas, el yoga es muy popular en un gran sector demográfico. Hay algo para todos. Recuerda que el yoga requiere de un cierto nivel y disposición física además de la actividad mental; siendo esencialmente una forma de ejercicio.

Yo soy

Este tipo de meditación puede ser difícil de entender y de seguir, por lo que las meditaciones guiadas en esta técnica son recomendadas. Esta puede realizarse utilizando videos de internet, donde un buen comienzo puede ser el sitio Mooji. Es una excelente forma de meditación si lo que se busca es alcanzar paz interna y liberación.

Qigong

Como con el yoga, el Qigong es también una forma de ejercicio. Esto la hace ideal para quienes se les dificulta sentarse por largo tiempo. Los ejercicios son simples, pero la técnica lleva tiempo para dominar. Hay clases disponibles, DVD´s, o el internet, que también contiene varios recursos en YouTube. Cabe señalar que el Tai Chi es una forma de Qigong.

Meditación cristiana

Si estás más interesado en la fe cristiana, posiblemente estés atraído a este tipo de meditación. Se utiliza para reflexionar sobre la Biblia y sus enseñanzas, sobre Dios o Cristo.

Meditación Guiada

Si no sabes por dónde empezar o tienes dificultades para sacar lo mejor de la meditación, algunas meditaciones guiadas quizá te pueden ayudar. Puedes encontrar ofertas en grupos de tu localidad, y que también puedes complementar con videos del internet. Algunos tipos de meditación guiada se enfocan en necesidades en particular, tales como trabajar un trauma o aumentar la autoestima. Existen muchas opciones diferentes, por lo que no será difícil encontrar una acorde para ti.

Capítulo 7. Cómo meditar

En este apartado se describe cómo practicar los diferentes tipos de meditación. Podrás darte cuenta que hay formas muy similares, mientras que otras tienen claras diferencias. Es probable que algunas te sean más atractivas que otras, y no dejes de considerar la idea de intentar algunas meditaciones guiadas mientras comienzas este camino. Podrás encontrar recursos en internet (YouTube especialmente), o también puedes comprar algún CD o DVD para practicar la meditación guiada. Y como se señalaba, puedes también unirte a un grupo para aprender y beneficiarte de la meditación presencialmente con un maestro.

***Meditación consciente plena (Mindfulness,* en inglés)**

Este tipo de meditación está enfocada en relajar y calmar la mente. La consciencia plena, el acto de estar presente mas no reactivo, puede practicarse en todo momento. Es como poner una barrera entre nosotros y nuestras reacciones, dejándonos imposibilitados a sobrerreaccionar hacia cualquier situación.

1. Haz un espacio en tu agenda para meditar, ya sea que lo anotes, que guardes una alerta en tu celular...lo que sea necesario. Lo importante es que programes ese tiempo y que no tengas excusas para no realizarla.
2. Siéntate cómodamente en posición erguida, ya sea en un cojín, una silla o el piso.
3. Observa lo que está ocurriendo a tu alrededor en el momento presente. No reacciones, solo observa.
4. Escucha tu respiración, su ritmo y constancia.
5. Permite que tus pensamientos y sentimientos pasen y se vayan, sin juicio alguno.
6. Si tu mente comienza a divagar, tráela de regreso a observar el momento, ese momento. Haz esto cada vez que te distraigas. Entre más practiques, menos distraído estarás.
7. No te juzgues a ti mismo o a cualquier pensamiento que tengas. Aprende a

reconocer cuando tu mente divaga y tráela de nuevo a enfocarse.

No es fácil evitar que la mente se desvíe continuamente. Como se señaló, entre más practiques será más fácil el proceso.

Vipassana

También conocida como meditación del auto discernimiento, es aquella que presta atención a las sensaciones. Es la forma de meditación ejecutada por Buda.

1. Siéntate con postura erguida y tu espalda sin apoyo.
2. Sé consciente de cómo respiras, enfócate en eso momento a momento y utiliza esto para estabilizar tu concentración.
3. Permítete sentir todas las sensaciones en tu cuerpo. Permite que pensamientos y emociones lleguen a tu mente, obsérvalos unos instantes y no te ancles a ellos. Sólo déjalos ir.
4. Cada vez regresa a concentrarse sobre tu respiración, y considera que otras sensaciones, sonidos o pensamientos no son más que ruido de fondo.
5. Una vez que has practicado esta técnica

por algunas ocasiones, puedes ir más allá y etiquetar lo que tus otros sentidos experimentan. Por ejemplo, si algo entra en tu mente se etiqueta como un pensamiento, sentimiento, memoria, etc. Y lo mismo ocurre con los sentidos, puedes etiquetarlos como: sonido, aroma, picor, dolor, etc. A esto se le llama notar u observar. Una vez que sucede la observación, envía de regreso a tu mente a concentrarse en tu respiración, ya que es su principal enfoque. No permitas que tus observaciones sean específicas, por ejemplo, si escuchas un auto, no lo notes como auto, simplemente reconócelo como sonido. Y lo mismo con el dolor, no especifiques (como dolor de espalda), solo es dolor.

6. A medida que tengas más experiencia haciendo esto, notarás que serás capaz de regresar tu concentración a su enfoque principal cada vez más rápido. Esto evitará que seas llevado por tus pensamientos.

Taoísta

Existen diferentes formas de meditación Taoísta, estas incluyen: la concentración, la visualización y la visión.

- Respiración. Similar a las anteriores (*Mindfulness* y Vipassana), la meditación por respiración se enfoca en el proceso de respirar. Aquí, la idea de respirar es hacerlo extremadamente suave. Esto puede realizarse solo observando la respiración o implementando patrones específicos de respiración.
- Vacío. En este tipo de meditación, el objetivo es que la mente se deshaga de toda imagen mental, pensamientos y sentimientos. Está diseñada para alcanzar una calma interior completa y olvidarse de todo lo demás. La idea de esta técnica es reponer el espíritu.
- Neiguan. Visión interior. Se trata sobre visualización interna, en pensar sobre el interior de la mente y el cuerpo, los órganos, los procesos. Se dirige al aprendizaje sobre la naturaleza del cuerpo. Este tipo de meditación no

puede aprenderse por sí sola y requiere de un maestro.

La meditación Taoísta debe llevarse a cabo sentado en el suelo con las piernas cruzadas y espalda recta. Los ojos están parcialmente cerrados y se enfocan en un punto al final de la nariz.

Mantra

Este tipo de meditación no siempre se enfoca a lo espiritual, y en lugar de eso, es común que se dirija a mejorar algún aspecto de nuestra vida, como mejorar la relajación, la salud o el desempeño o crecimiento personal. Así, puedes elegir cualquier mantra al que desees apegarte para tu objetivo. Recuerda que puede ser una oración, una palabra o sonido que resuene contigo. Intenta escoger palabras o enunciados que tengan significado y con un contenido que realmente conecte con lo que intentas alcanzar. Por ejemplo, si estás intentando llegar a un estado de calma, puedes usar palabras como seguridad, paz, calidez, hogar, o también la asociación de otras palabras que te lleven a eso como: sol, agua, pradera y flores.

Puedes visualizar las palabras en tu mente mientras las recitas.

Con la práctica, encontrarás que algunas palabras tendrán sonidos que resuenen más que otros. También luego puedes ajustar tu mantra para obtener mejores efectos.

Ten cuidado de utilizar palabras que puedan generar alguna forma de negatividad en ti. Nunca serán útiles.

Cuando encuentres un mantra que te ofrece el efecto correcto, apégate a este y verás que te ayudará más a lo largo del tiempo.

Si estás en búsqueda de un objetivo espiritual, la elección de tu mantra será diferente. Por lo común es mejor utilizar un mantra tradicional, ya que contiene su propia energía y ya ha sido probado por siglos. En este caso, es mejor utilizar el mantra en su forma original y no traducirlo. Intenta asegurarte de que utilizas una correcta pronunciación y entonación, esto, porque en los mantras el sonido que se hace es tan importante como los vocablos utilizados. Es importante también tener la vibración correcta del sonido.

Necesitarás hacer un poco de investigación para encontrar la tradición que te gustaría más seguir. Una vez elijas, será necesario encontrar un maestro que te apoye para elegir el mejor mantra para ti. Luego, cuando tengas tu mantra, este deberá ser secreto y no lo compartirás a los demás.

1. Siéntate cómodamente en posición erguida. Preferiblemente en el piso.
2. El mantra puede ser recitado a diferente velocidad según tus necesidades. Rápido para energizar o lento para calmarte. La longitud del mantra también tendrá un efecto automático sobre la velocidad.
3. Prueba recitando el mantra a diferentes velocidades y checa cuál se siente mejor. Las variaciones en la velocidad afectarán la forma en que el cerebro responde. Una vez que hayas empezado el mantra a cierta velocidad, apégate a esta. No permanezcas cambiando velocidades durante toda la sesión.

4. Si hay muchos pensamientos flotando intentando llenar la mente, solo "sube el volumen" en tu mente de lo que estás recitando. Esto ayudará a mantener tu mente ocupada. A medida que tu mente se pacifique, puedes decirlo cada más suave hasta que casi no puedas escucharlo.
5. Puedes escoger respirar a tiempo con tu mantra. Por ejemplo, si son pocas palabras, puedes inhalar mientras lo dices una vez y exhalar mientras lo repites. Si es muy corto, puedes decirlo dos veces mientras inhalas y dos veces mientras exhalas; y si es largo puedes decirlo una sola vez en un ciclo completo de inhalación y exhalación. Utiliza lo que mejor te acomode, es mejor que ocurra de forma natural sin pensarlo mucho.
6. Es importante mantener tu mente prestando atención a la repetición del mantra, sea que lo estés recitando o escuchando. Procura renovar tu enfoque en cada repetición.
7. Estás intentando unificar

completamente tu mente y convertirte en "uno" junto con tu mantra. De ahí que sea tan importante elegir el correcto. Si no sientes una conexión con este, no te beneficiará del todo.

8. Cuando tienes el mantra correcto, notarás con el tiempo que mantener el bienestar y estar en el momento se hace cada vez más fácil. Si tu mente comienza a divagar, entonces tráela de regreso al estado de concentración. No luches con ella porque incrementarás la tensión y la meditación no será constructiva.

Zazen (Zen)
Se trata de un tipo de meditación tradicional budista.

1. Primero, busca un lugar tranquilo que te permita estar alejado de toda distracción durante la meditación. Para los principiantes, es bueno quedar mirando hacia un muro blanco.
2. Asegúrate de que vistes ropa cómoda que no te produzca inquietud o incomodidad durante la meditación.

3. En la meditación Zazen, la postura es muy importante. Debe ser relajada y cómoda, pero también erguida y balanceada. Puedes realizar las posturas tradicionales mientras estás sentado en pose meditativa. A continuación, se describen las posiciones desde la más fácil hasta las que requieren más experiencia.

- Utiliza una silla. Asegúrate que estás sentado, erguido, y con ambas plantas de los pies tocando el suelo.
- Seiza. En esta posición, se emplea un taburete de yoga o meditación, que es un banco de muy baja altura en el que te sientas y estás levemente hincado con tus piernas por debajo del banco.
- Birmana. Siéntate en un cojín de meditación flexionando las rodillas como si fueras a cruzar las piernas, pero en lugar de que queden entrelazadas, deja tus pies en el piso frente a ti;uno detrás del otro y con rodillas apuntando hacia el suelo.
- Cuarto de loto. De nuevo, utilizando un

cojín de meditación, cruza las piernas de forma holgada frente a ti.
- Medio Loto. Al igual que el anterior, cruza tus piernas, pero en esta ocasión con un pie sobre el muslo contrario.
- Loto completo. También cruzando tus piernas. Y en esta pose, ambos pies se colocan sobre el muslo contrario.

4. Recuerda que debes mantener la posición escogida durante todo el tiempo de meditación. Asegúrate que es cómoda.
5. Tus ojos están medio cerrados; tu mirada está dirigida al piso a un ángulo de 45°. No mires nada más en particular, solo mantén la atención en ti mismo.
6. Coloca las manos sobre tu regazo dejando las palmas hacia arriba. Apoya tu mano izquierda sobre la palma de tu mano derecha y haz contacto entre ambos dedos pulgares.
7. Respira naturalmente. Para ayudar a enfocarte, puedes hacer un ejercicio de respiración. Cada vez que exhales,

cuenta un número. Haz esto cada vez hasta que llegues al diez y comiences de nuevo. Por ejemplo, inhala, y mientras exhalas cuenta 1. Inhala de nuevo y cuando exhales cuenta 2. Inhala por tercera vez y ahora exhalas y cuentas 3. Continúa así hasta que llegues al 10 y vuelve a iniciar. Si pierdes el conteo empieza de nuevo. Asegúrate en lo posible, de que respiras través de tu nariz principalmente (y muy poco por la boca).

8. Concéntrate no solo en tu respiración, sino también en tu postura. Asegúrate que estás sentado de forma erguida. Imagina que intentas tocar el cielo con la punta de tu cabeza. Verifica que tu espalda y cuello estén derechos y que tus manos y pies mantengan su posición.

9. Naturalmente, permite que los pensamientos lleguen y se vayan sin poner atención en ellos. No les prestes atención ni intentes hacer que se vayan, ya que esto solo hará que su enfoque sea más marcado. En lugar de

eso, trae a tu mente de regreso a las respiraciones y la postura. Esto será cada vez más fácil con la práctica.
10. Utiliza un medidor de tiempo para tu meditación para saber cuándo terminarla, o también puedes dejar eso naturalmente y parar cuando te sientas listo.
11. Cuando termines tu meditación, toma unos momentos para mover tu cuerpo y traerte de regreso al tiempo presente.

Meditación de la bondad amorosa
En este tipo de meditación, el propósito es generar sentimientos de amor y bondad hacia ti mismo y hacia los demás. A menudo vemos difícil sentir esto por nosotros mismos, pero es realmente muy importante hacerlo para alcanzar un lugar de felicidad y alegría. La meditación de la bondad amorosa es ideal para personas que tienen sentimientos de baja autoestima, dudas de sí mismos e inseguridad en general.
1. Busca una posición en la que puedas sentarte de manera cómoda durante

toda la meditación. Puedes también usar un cojín, un taburete de meditación o una silla de respaldo recto. Dobla una cobija alrededor de ti para proporcionarte más calidez.
2. Esta meditación tiene 5 fases. Es aconsejable colocar un medidor de tiempo que te de aviso al término de cada una, aunque también puedes dejar a tu sentido natural que te guíe cuándo hacer cambio. Para los principiantes, 5 minutos es un buen tiempo de dedicación para cada fase. Puedes utilizar aplicaciones de meditación disponibles para el celular o PC para ayudarte con esto.
3. Prepárate para la meditación trayendo tu atención al presente. Piensa en un "objeto que te provoque felicidad" para ayudarte a conectar al presente.
4. Ahora cierra tus ojos y empieza a pensar en tu cuerpo; te harás más consciente de éste. Comienza pensando en tus dedos de los pies y gradualmente llévate a tus pies, tobillos, piernas bajas, rodillas, muslos,

glúteos, pelvis, cadera, espalda, pecho, hombros, brazos, codos, muñecas, manos, dedos, cuello y finalmente, tu cabeza.

5. Manteniendo los ojos cerrados, comienza la primera fase de meditación. Dirige los pensamientos de bondad amorosa hacia ti, ¿cómo? Hay varias maneras. Intenta pensar en un momento en que antes hayas sentido esto. Utiliza palabras o una frase para repetir y que exprese la bondad amorosa como "Que sea feliz" o "Que sea amado" por ejemplo. Puedes también imaginar a alguien comunicando la bondad amorosa a ti. La forma en que nos sentimos sobre nosotros mismos afectará la forma en cómo tratamos a los demás. Permite que los sentimientos de amor que alguien tiene de ti sean aceptados completamente.
6. Ahora llévate a la fase 2. Cultiva sentimientos de bondad amorosa hacia alguien a quien ya tienes sentimientos, como un amigo, colega o maestro por

ejemplo. Cuando te inicias en la práctica de este tipo de meditación, es mejor no visualizar una pareja, hijos o padres en esta etapa ya que la relación con ellos es muy cercana y compleja. Por eso, es que se aconseja elegir a alguien con quien lleves solo una buena amistad.

Reflexiona en las cualidades de esa persona o visualízala irradiando alegría.

7. Para la fase 3, cultiva la bondad amorosa hacia una persona neutral. Alguien que no te cause gusto o disgusto. Puede ser alguien a quien ves regularmente, como un vecino, un encargado de la tienda o el miembro de un club u organización de la que formas parte.

8. En la fase 4, lleva tu bondad amorosa hacia una persona hostil, sí, a alguien con quien experimentes dificultades. Esto puede ayudarte a alcanzar un estado de perdón si esa persona te lastimó. También puede ayudar a que tu relación con ella sea mejor.

9. En la fase final, piensa en la bondad

amorosa sobre los4 juntos: tú mismo, tu amigo, la persona neutral y tu enemigo. Ahora, lleva estos sentimientos hacia una visión más amplia, como el mundo, la humanidad y la naturaleza.

10. Cuando hayas terminado, abre tus ojos, reflexiona en tu meditación y tráete de vuelta a enfocarte en el presente mirando a "tu objeto de felicidad". Recuerda utilizar la bondad amorosa en tu vida diaria, no solo en la meditación. Al igual que otras técnicas, medita regularmente para obtener máximos beneficios.

Yoga

Existen diferentes formas de yoga, de manera que aquí solo se repasarán algunas utilizadas en este tipo de meditación.

- *Meditación Chakra.* Existen 7 chakras (centros energéticos) dentro del cuerpo. La meditación se realiza empleando mantras específicos a cada uno de estos.
- *Meditación del tercer ojo.* El tercer ojo

es un punto ubicado en la frente justo entre ambas cejas. La atención es enfocada fuertemente en este punto con el objetivo de silenciar la mente. Con la práctica, es posible alcanzar cada vez lapsos de silencio más largos entre los pensamientos. Los ojos están generalmente cerrados durante el proceso.
- *Meditación de sonidos (Nada yoga).* Como su nombre lo indica, este tipo se enfoca en el sonido. Generalmente comienza con el uso de música suave y calmada, mientras el practicante enfoca su atención en escucharla completa y abiertamente para calmar su mente. Con el tiempo, esto puede ajustarse a escuchar sonidos corporales internos y de la mente.

Yo soy

Al utilizar la pregunta: "¿Quién soy?", rechazas todas las posibles respuestas verbales que pudieras responder. Entonces, usas la pregunta para enfocar tu atención en el estado subjetivo de "Yo soy". Explóralo profundamente en cuanto a sentimientos, no palabras. En algún momento, la verdad será revelada. Esto se basa en experiencias que has tenido y la percepción que tienes de estas. Cuando experimentes un pensamiento o sentimiento pregúntate: "¿Para quién es este pensamiento o sentimiento?" y la respuesta siempre es: "es para mí". Aunque suena simple, este tipo de meditación es complicada de entender, por lo que se recomienda te apoyes en diversos recursos.

Qigong

Esta forma de meditación tiene miles de ejercicios asociados; siendo que solo en respiración, se tienen más de 80 métodos diferentes. Estos incluyen ejercicios para fortalecer y energizar el cuerpo, y otros para enfocarse en la restauración y reparación.

Puede practicarse sentado o de pie, o utilizando un movimiento específico. Puedes averiguar más de esta técnica en videos de YouTube o DVD´s. Generalmente, se realiza sentado y sin hacer movimientos específicos.

A continuación, un ejemplo de estos ejercicios.
1. Comienza sentándote en una posición cómoda. Asegúrate que tu cuerpo está centrado y equilibrado.
2. A continuación verifica que todo tu cuerpo está relajado. Trabaja desde tu cuerpo externo hasta tu cuerpo interno, donde están los órganos e incluso llegar a los nervios.
3. Mantén una respiración regular, profunda, prolongada y suave.
4. Mantén la mente calmada.
5. Ahora, presta atención a tu centro bajo de gravedad, ubicado a unos 5 cm por debajo de tu ombligo. Esta es la raíz de tu energía vital. Enfocándote en esta área, estás acumulando energía para reponer tu reserva natural de energía. Siente esta energía circulando por todo tu cuerpo.

Meditación cristiana
Existen muchas formas dentro de esta práctica; se revisan algunas a continuación.

- *Oración contemplativa.* En esta, palabras o enunciados se repiten por 10 o 30 minutos. Estas palabras pueden ser: Señor, Padre, Jesús, amor, misericordia, etc., y los enunciados pueden ser: "Nuestro Señor Jesucristo, apiádate de mí". No se repiten de forma mecánica, sino que tienen emoción y un fuerte enfoque. Cada repetición es como una nueva oración, y cuando cualquier otra imagen, emoción o pensamiento entra a la mente, el enfoque es devuelto a llevar a las palabras sagradas.
- *Lectio Divina.* Significa "palabra divina" o "lectura divina". Se repasa y memoriza un pasaje corto en las escrituras y luego se repite en silencio por cierto tiempo. Todo pensamiento, idea o imagen que aparezca relacionado a ese pasaje está permitido; de modo que algunos visualizan escenas referentes a la vida de Jesús u otras historias de la Biblia.
- *Lectura contemplativa.* Involucra la contemplación profunda de textos de la

Biblia o de Santos cristianos enfocándose en el significado que hay tras las palabras. El objetivo es acrecentar la relación con Dios.
- *Sentarse en la presencia de Dios.* Esto normalmente comienza con una oración o lectura contemplativa para calmar y unificar la mente. El enfoque de atención es luego dirigido hacia la grandeza de Dios y en estar en su presencia con cada gramo del ser, el corazón, el alma y la mente. Debes de estar completamente rendido ante Él, y toda emoción o pensamiento que se manifieste, entrégaselo a Dios.

Meditación Guiada

Existen diversas meditaciones guiadas disponibles gratis en YouTube u otros sitios de internet en meditación. Puedes también hacerte de algunos archivos de audio, podcasts, CD´s y DVD´s. También puedes visitar centros de meditación y unirte a una sesión grupal.

La meditación generalmente seguirá alguna de las escuelas como las que se indicaron con anterioridad.

Puede tomar distintas formas. Primeramente, el instructor te habla para guiarte en llevar tu atención y enfocarte en un estado meditativo. Se habla muy ocasionalmente, y usualmente hay música de fondo. Un método diferente llamado "imágenes guiadas" te ayudará a utilizar tu imaginación para visualizar objetos, entidades o incluso viajes enteros. También hay "afirmaciones", donde las imágenes guiadas se utilizan para estampar mensajes en tu mente. Están también los "pulsos binaurales", que son dos tipos de frecuencias de sonido que se tocan para cada oído de forma independiente. Estos llevan al cerebro a intentar resolver las diferencias, creando ondas alpha dentro del cerebro que también están relacionadas con otras formas de meditación.

Recuerda que toda la meditación persigue básicamente producir un sentimiento de paz interior y felicidad, mitiga el estrés y puede ayudar a acabar con la depresión.

Conclusión

Ojalá que ahora tengas un mejor entendimiento de cómo la meditación puede beneficiarte. Al leer esta guía, habrás adquirido una compresión más profunda de cómo funciona la mente y cómo la meditación altera el cerebro para que trabaje de forma más óptima. Tenemos la capacidad de intervenir naturalmente en la producción de hormonas y químicos, y es necesario. Sí, es necesario vivir sin estrés, ansiedad o depresión. Necesitamos ser más felices y equilibrados en nuestros pensamientos y acciones.

Por supuesto que la verdadera prueba es que lo intentes por ti mismo, que de verdad lo hagas. Regálate un espacio de tiempo cada día para realizar meditación, y como principiante será mucho más fácil que consigas un lugar tranquilo para ello. Ya luego verás que eventualmente será posible hacerla en casi cualquier parte.

Incluye a la meditación como parte de tu vida diaria, igual que comer, beber o lavarte los dientes (¿sí lo haces no?...). Si puedes crear el hábito, gozarás de sus beneficios por el resto de tu vida.

Y tampoco seas tímido, comparte la experiencia y cuéntale a la gente lo increíble que es para ayudar a cambiar la vida de alguien más también.

Namasté.

Parte 2

INTRODUCCIÓN

Una persona común puede considerar la meditación como una adoración u oración. Pero no es así. Meditación significa conciencia. Cualquier cosa que hagas con la conciencia es meditación. "Mirar tu respiración" es meditación; escuchar a los pájaros es meditación. Mientras estas actividades estén libres de cualquier otra distracción para la mente, es una meditación efectiva.
La meditación no es una técnica sino una forma de vida. Meditación significa 'un cese del proceso de pensamiento'. Describe un estado de conciencia, cuando la mente está libre de pensamientos dispersos y varios patrones. El observador (uno que está haciendo meditación) se da cuenta de que toda la actividad de la mente se reduce a una.

Un científico que deseaba evaluar funciones fisiológicas durante una meditación profunda estaba monitoreando a un Lama Tibetano en una máquina de escáner cerebral. El científico dijo: "Muy bien señor. La máquina muestra que usted puede profundizar en la relajación del cerebro, y eso valida su meditación". "No", dijo el Lama, "¡Esto (apuntando a su cerebro) valida la máquina!".

En estos días se entiende comúnmente que significa alguna forma de práctica espiritual en la que uno se sienta con los ojos cerrados y vacía la mente para alcanzar la paz interior, la relajación o incluso una experiencia de Dios. Algunas personas usan el término como "mi jardinería es mi meditación" o para correr, arte o música, por lo tanto, crean confusión o malos entendidos. La palabra meditación se deriva de dos palabras latinas: meditar (pensar, reflexionar, ejercitar la mente) y mederi (sanar). Su derivación sánscrita 'medha' significa sabiduría. Hace muchos años, la meditación se consideraba algo que no estaba destinado a las personas modernas, pero ahora se ha vuelto muy popular entre todo tipo de personas. La evidencia científica y médica publicada ha demostrado sus beneficios, pero aún debe entenderse mucho.

Tradicionalmente, los textos clásicos de yoga describen que para alcanzar verdaderos estados de meditación uno debe pasar por varias etapas. Después de la preparación necesaria del código personal y social, la posición física, el control de la respiración y la relajación llegan las etapas más avanzadas de concentración, contemplación y, finalmente, absorción. Pero eso no significa que uno deba perfeccionar una etapa antes de pasar a la siguiente. El enfoque de yoga integral es la aplicación simultánea de un poco de todas las etapas juntas.

Comúnmente hoy, las personas pueden referirse a cualquiera de estas etapas cuando se refieren al término meditación. Algunas escuelas solo enseñan técnicas de concentración, algo de relajación, y otras enseñan actividades contemplativas de forma libre, como sentarse y esperar la absorción. Algunos lo llaman meditación sin dar crédito al yoga por temor a ser calificado como 'oriental'. Pero el yoga no es algo oriental u occidental, ya que es universal en su enfoque y aplicación.

Con la práctica regular de una serie equilibrada de técnicas, la energía del cuerpo y la mente puede liberarse y la calidad de la conciencia puede expandirse. Esta no es una afirmación subjetiva, pero ahora está siendo investigada por los científicos y se está mostrando por un hecho empírico.

Hay dos tipos de meditación: activa y pasiva.
La meditación activa se relaciona con actividades de la vida cotidiana, como caminar, trabajar, comer, etc. Este es, de hecho, el objetivo del Yoga, experimentar un estado meditativo en la vida cotidiana que tiene el efecto de aumentar el rendimiento a medida que el trabajo se

realiza con más eficiencia y energía.

Para lograr la meditación activa, se requiere meditación pasiva que implica tomarse un tiempo para sentarse y realizar técnicas o prácticas de meditación. Esto se llama pasivo, ya que implica retirarnos en posturas tranquilas y sentadas para lograr un estado meditativo que nos pueda ayudar en nuestra vida activa. El objetivo de todas las técnicas de meditación pasiva es calmar la mente de los pensamientos vacilantes y distractores y gradualmente hacerla puntiaguda.

Las técnicas de meditación pasiva, aunque de muchos tipos, esencialmente tienen el mismo modus operandi:
Etapa 1: Introversión: involucra posturas de asiento y conciencia sobre un objeto. Esto tiene el efecto de calmar la mente y hacerla 'receptiva' para ver lo que hay dentro.
Etapa 2: la introversión conduce al flujo libre de pensamientos, visiones, complejos, recuerdos, etc. desde la mente

inferior. Nuestras pasiones, miedos, dudas y deseos surgen y ahora estamos en condiciones de observarlos y eliminar el contenido indeseable de nuestras mentes para siempre.
Etapa 3: Habiendo observado la mente inferior, ahora estamos en condiciones de explorar los reinos subconscientes. Es aquí donde comienza la verdadera meditación. Nuestro depósito ilimitado de energía y conocimiento comienza a manifestarse.
Etapa 4: autorrealización: a medida que se trascienden estas etapas, se alcanza la felicidad suprema.
Hay muchos métodos de mediación conocidos hoy. Algunos son mejores para principiantes; otros se abordan mejor después de algunos años de experiencia. Entonces, para darle un punto de partida, se puede seguir el siguiente método:

- Elija un momento en el que no sea probable que lo molesten.
- Acomódese en un lugar que tenga aire fresco. Si lo desea, ten un poco de incienso a tu alrededor te relajará. Puede sentarse

en cualquiera de las posturas meditativas dependiendo de su nivel de comodidad, y permanecer en esa postura durante el tiempo deseado.

• Comience aprendiendo a enfocarse en algo que no sea amenazante. Esto te relajará, romperá tu respuesta al estrés.

• Concéntrese en un tema que le atraiga, podría ser una flor, una palabra o la llama de una vela.

• Observe cómo vagan sus pensamientos. No intente controlarlos. Obsérvelos con desprendimiento.

• En unas pocas semanas, notará una marcada diferencia en su capacidad de concentración. Este es el trampolín hacia la conciencia.

LA NECESIDAD DE MEDITAR

La meditación es enriquecimiento para tu alma.

Mientras que un estado meditativo es el resultado natural del yoga y el beneficio espiritual de la meditación es la felicidad suprema o la iluminación, es poco probable que muchos entiendan estas palabras.
Sin embargo, el progreso hacia la meditación y las técnicas de meditación tienen varios beneficios a nivel corporal o material:

• Mejora del lustre corporal y la salud general: cuando su mente se concentra en una parte particular del cuerpo, el flujo de sangre a esa parte aumenta y las células reciben más oxígeno y otros nutrientes en abundancia. Hoy, muchas de las estrellas de cine y modelos de moda incluyen la meditación en su régimen diario.
• Mejora en la concentración: muchos de

los atletas y profesionales del deporte emplean regularmente métodos de meditación. Los estudios han encontrado una correlación directa entre los ejercicios de concentración (meditación) y el nivel de rendimiento de los profesionales del deporte. La meditación fortalece la mente, está bajo control y puede proporcionar una guía efectiva al cuerpo físico para ejecutar con eficacia todos sus proyectos. Los ejercicios psicológicos son una forma poderosa de mejorar la concentración y mejorar la fortaleza mental.

Beneficios de la meditación para la salud:

Aunque la meditación generalmente se reconoce como una práctica en gran medida espiritual, también tiene muchos beneficios para la salud. Las técnicas de yoga y meditación se están implementando en el manejo de enfermedades que amenazan la vida; en la transformación de la estructura molecular y genética; en la reversión de enfermedades mentales, en programas de aprendizaje acelerado, en percepciones y comunicaciones más allá de lo físico, en resolver problemas y física atómica y nuclear; en obtener una mejor comprensión ecológica; en la gestión del estilo de vida y los problemas del mundo futuro. Algunos beneficios de la meditación son:

- Reduce el consumo de oxígeno.
- Disminuye la frecuencia respiratoria.
- Aumenta el flujo sanguíneo y disminuye la frecuencia cardíaca.
- Aumenta la tolerancia al ejercicio en pacientes cardíacos.
- Conduce a un nivel más profundo de relajación.
- Bueno para personas con presión arterial alta, ya que baja la P.A. a la normalidad
- Reduce los ataques de ansiedad al disminuir los niveles de lactato en sangre.
- Disminuye la tensión muscular (cualquier dolor debido a la tensión) y dolores de cabeza.

- Desarrolla confianza en sí mismo.
- Aumenta la producción de serotonina que influye en el estado de ánimo y el comportamiento. Los bajos niveles de serotonina se asocian con depresión, obesidad, insomnio y dolores de cabeza.
- Ayuda en enfermedades crónicas como alergias, artritis, etc.
- Reduce el síndrome premenstrual.
- Ayuda en la curación postoperatoria.
- Mejora el sistema inmune. La investigación ha revelado que la meditación aumenta la actividad de las 'células asesinas naturales', que matan las bacterias y las células cancerosas.
- También reduce la actividad de los virus y la angustia emocional.

Beneficios de la meditación sobre la salud de la mujer y el embarazo:

- Identidad propia, además de hija, esposa, madre, etc. Las mujeres comienzan la vida como la hija de alguien, y luego la amante, la esposa, la madre de alguien. Sí, pero ¿quién soy yo? ¿Quién soy realmente? Una mujer no solo necesita comprender su cuerpo, sino que también necesita conectarse con la esencia de su verdadero ser. Un verdadero yo, que es una identidad más allá del cambio cotidiano, más allá del género, más allá de las fluctuaciones de las hormonas, más allá de las expectativas familiares y otros patrones de personalidad superpuestos. Descubrir este verdadero yo no es tan fácil. Justo cuando sabes quién eres, todo cambia de nuevo.

El proceso de autodescubrimiento implica, eliminar las falsas capas de identidad, volver a través de todos los condicionamientos, darse cuenta: "No soy eso, ni eso, ni eso", un vacío del cual surge la realización - "¡Aja! Soy eso". El lugar para este autodescubrimiento no es el sillón del psiquiatra, la cama matrimonial, el grupo de madres o incluso un retiro de yoga, sino dentro de sus propios momentos de meditación privada.

- Resolver fobias -

La meditación puede ayudar a resolver las neurosis, los miedos y los conflictos más profundos que juegan su papel en causar estrés y problemas de salud.

- Para las futuras madres: La meditación pone a las madres en sintonía con sus bebés. Mantra Japa es especialmente apropiado para mujeres embarazadas. Después del nacimiento, la meditación diaria se convierte en un tiempo precioso para reenfocarse y dar sentido a los muchos pensamientos y sentimientos nuevos que pueden atravesar su mente, provocados por los eventos del parto y la nueva maternidad.

TIPOS DE MEDITACIÓN

Ok, entonces sabes que la meditación tiene <u>docenas de beneficios</u>, y todos lo están haciendo. Buscas información en línea o en una librería, y ves que hay MUCHAS formas diferentes de hacer meditación, docenas de técnicas de meditación y alguna información contradictoria. Te preguntas qué camino es mejor para ti.

TIPOS GENERALES
Los científicos generalmente clasifican la meditación en función de la forma en que enfocan la atención, en dos categorías: Atención enfocada y Monitoreo abierto. Me gustaría proponer un tercero: Presencia sin esfuerzo.

Meditación de atención enfocada

Centrar la atención en un solo objeto durante toda la sesión de meditación. Este objeto puede ser la respiración, un mantra, visualización, parte del cuerpo, objeto externo, etc. A medida que el practicante avanza, su capacidad para mantener el flujo de atención en el objeto elegido se vuelve más fuerte y las distracciones se vuelven menos comunes y cortas. Se desarrollan tanto la profundidad como la firmeza de su atención. Ejemplos de estos son: Samatha (meditación budista), algunas formas de Zazen, meditación de bondad amorosa, meditación chakra, meditación kundalini, meditación de sonido, meditación mantra, pranayama, algunas formas de qigong y muchas otras.

Meditación de monitoreo abierto

En lugar de enfocar la atención en cualquier objeto, lo mantenemos abierto, monitoreando todos los aspectos de nuestra experiencia, sin juicio ni apego. Todas las percepciones, ya sean internas (pensamientos, sentimientos, memoria, etc.) o externas (sonido, olfato, etc.), son reconocidas y vistas por lo que son. Es el proceso de monitoreo no reactivo del contenido de la experiencia de un momento a otro, sin entrar en ellos. Algunos ejemplos son: meditación de atención plena, Vipassana, así como algunos tipos de meditación taoísta.

Presencia sin esfuerzo

Es el estado en el que la atención no se centra en nada en particular, sino que descansa sobre sí misma: silenciosa, vacía, constante e introvertida. También podemos llamarlo "Conciencia sin elección" o "Ser puro". La mayoría de las citas de meditación que encuentras hablan de este estado.
Este es en realidad el verdadero propósito detrás de todo tipo de meditación, y no un tipo de meditación en sí mismo. Todas las técnicas tradicionales de meditación reconocen que el objeto de enfoque, e incluso el proceso de monitoreo, es solo un medio para entrenar la mente, de

modo que se pueda descubrir un silencio interno sin esfuerzo y estados de conciencia más profundos. Eventualmente, tanto el objeto de enfoque como el proceso en sí mismo se quedan atrás, y solo queda el verdadero ser del practicante, como "presencia pura".

En algunas técnicas, este es el único enfoque, desde el principio. Algunos ejemplos son: la auto investigación (meditación "yo soy") de Ramana Maharishi; Dzogchen; Mahamudra; algunas formas de meditación taoísta; y algunas formas avanzadas de Raja Yoga. Desde mi punto de vista, este tipo de meditación siempre requiere entrenamiento previo para ser efectivo, aunque a veces esto no se dice expresamente (solo se infiere).

MEDITACIÓN BUDISTA

1. Meditación Zen (Zazen) Origen y significado

2. Zazen significa "zen sentado" o "meditación sentada" en japonés. Tiene sus raíces en la tradición del budismo zen chino (Ch´an), que se remonta al monje indio Bodhidharma (siglo VI EC). En Occidente, sus formas más populares provienen de Dogen Zenji (1200 ~ 1253), el fundador del movimiento Soto Zen en Japón. Se practican modalidades similares en la escuela de Rinzai de Zen, en Japón y Corea.

Cómo hacerlo

Generalmente se practica sentado en el suelo sobre una colchoneta y un cojín, con las piernas cruzadas. Tradicionalmente se hacía en posición de loto o medio loto, pero esto apenas es necesario. Hoy en día la mayoría de los practicantes se sientan así:

O sobre una silla:

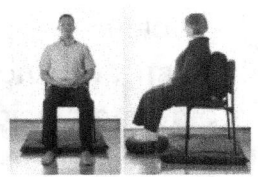

El aspecto más importante, como puede ver en las imágenes, es mantener la espalda completamente recta, desde la pelvis hasta el cuello. La boca se mantiene cerrada y los ojos se mantienen bajos, con la mirada apoyada en el suelo a unos dos o tres pies delante de usted.

En cuanto al aspecto mental, generalmente se practica de dos maneras:
• Enfocarse en la respiración: concentre toda su atención en el movimiento de la respiración que entra y sale por la nariz. Esto puede ser ayudado contando la respiración en su mente. Cada vez que inhala, cuenta un número, comenzando con 10, y luego retrocediendo a 9, 8, 7, etc. Cuando llegue a 1, reanudará desde 10 nuevamente. Si se distrae y pierde la cuenta, vuelva suavemente la atención al 10 y continúe desde allí.

- Shikantaza ("simplemente sentado"): en esta forma el practicante no usa ningún objeto específico de meditación; más bien, los practicantes permanecen lo más posible en el momento presente, conscientes y observando lo que pasa por sus mentes y a su alrededor, sin detenerse en nada en particular. Es un tipo de meditación de Presencia sin esfuerzo

Meditación Vipassana

Origen y significado

"Vipassana" es una palabra pali que significa "perspicacia" o "visión clara". Es una práctica budista tradicional, que data del siglo VI a. C. La meditación Vipassana, como se enseñó en las últimas décadas, proviene de la tradición budista Theravada, y fue popularizada por S. N. Goenka y el movimiento Vipassana. Debido a la popularidad de la meditación Vipassana, el "mindfulness de la respiración" ha ganado mayor popularidad en Occidente como "mindfulness".

Cómo hacerlo

[Hay información contradictoria sobre cómo practicar Vipassana. Sin embargo, en general, la mayoría de los maestros enfatizan comenzar con el mindfulness de la respiración en las primeras etapas, para estabilizar la mente y lograr la "concentración de acceso". Esto es más como una meditación de atención enfocada. Luego, la práctica pasa a desarrollar una "visión clara" sobre las sensaciones corporales y los fenómenos mentales, observándolos momento a momento y sin aferrarse a ninguno. Aquí va una introducción, dirigida a principiantes. Para saber más, sugiero seguir los enlaces proporcionados o aprender de un maestro (tal vez en un retiro de Vipassana).]
Idealmente, uno es sentarse en un cojín en el piso, con las piernas cruzadas, con la

columna erguida; alternativamente, se puede usar una silla, pero la parte posterior no debe ser apoyada. El primer aspecto es desarrollar la concentración, a través de la práctica de samatha. Esto se hace típicamente a través de la conciencia respiratoria. Concentre toda su atención, momento a momento, en el movimiento de su respiración. Observe las sensaciones sutiles del movimiento del abdomen que sube y baja. Alternativamente, uno puede concentrarse en la sensación del aire que pasa a través de las fosas nasales y toca la piel de los labios superiores, aunque esto requiere un poco más de práctica y es más avanzado.

A medida que se concentra en la respiración, notará que otras percepciones y sensaciones continúan apareciendo: sonidos, sentimientos en el cuerpo, emociones, etc. Simplemente observe estos fenómenos a medida que emergen en el campo de la conciencia y luego regrese a la sensación de respiración. La atención se mantiene en el objeto de concentración (la respiración), mientras que estos otros pensamientos o sensaciones están ahí simplemente como "ruido de fondo". El objeto que es el foco de la práctica (por ejemplo, el movimiento del abdomen) se llama el "objeto primario". Y un "objeto secundario" es cualquier otra cosa que surja en su campo de percepción, ya sea a través de sus cinco sentidos (sonido, olfato, picazón en el cuerpo, etc.) o a través de la mente (pensamiento, memoria, sentimiento, etc.). Si un objeto secundario atrae su atención y lo aleja, o si provoca que aparezca deseo o aversión, debe enfocarse en el objeto secundario por un momento o dos, etiquetándolo con una nota mental, como "pensamiento", "memoria", "escuchar", "desear". Esta práctica a menudo se llama "notar".

Una nota mental identifica un objeto en general pero no en detalle. Cuando se percate de un sonido, por ejemplo, etiquételo "escuchar" en lugar de "motocicleta", "voces" o "perro ladrando". Si surge una sensación desagradable, observe "dolor" o "sensación" en lugar de "rodilla" dolor "o" mi dolor de espalda". Luego, vuelva su atención al objeto primario de meditación. Cuando esté consciente de una fragancia, diga la nota mental "oliendo" por un momento o dos. No tiene que identificar el aroma. Cuando uno ha obtenido así "concentración de acceso", la atención se dirige al objeto de práctica, que normalmente es pensamiento o sensaciones corporales. Uno observa los objetos de conciencia sin apego, dejando que los pensamientos y las sensaciones surjan y desaparezcan por sí mismos. El etiquetado mental (explicado anteriormente) a menudo se usa como una forma de evitar que te dejes llevar por los pensamientos y que te des cuenta de manera más objetiva. Como resultado, uno desarrolla la clara visión de que el fenómeno observado está impregnado por las tres "marcas de existencia": impermanencia (Annika), falta de satisfacción (dukkha) y vacío de sí mismo (annata). Como resultado, se desarrolla la ecuanimidad, la paz y la libertad interior en relación con estos aportes.

Meditación de Mindfulness

Origen y significado
La meditación consciente es una adaptación de las prácticas tradicionales de meditación budista, especialmente Vipassana, pero también tiene una fuerte influencia de otros linajes (como el budismo zen vietnamita de Thich Nhat Hanh). "Mindfulness" es la traducción occidental común para el término budista sati. Anapanasati, "mindfulness de la respiración", es parte de la práctica budista de Vipassana o meditación interna, y otras prácticas budistas de meditación, como el zazen.
Uno de los principales influyentes de Mindfulness en Occidente es John Kabat-Zinn. Su Programa de Reducción del Estrés

Basado en el Mindfulness (PREBM), que desarrolló en 1979 en la Facultad de Medicina de la Universidad de Massachusetts, se ha utilizado en varios hospitales y clínicas de salud en las últimas décadas.

Cómo hacerlo

La meditación de atención plena es la práctica de enfocarse intencionalmente en el momento presente, aceptar y prestar atención sin prejuicios a las sensaciones, pensamientos y emociones que surgen. Para el tiempo de "práctica formal", siéntese en un cojín en el piso, o en una silla, con la espalda recta y sin apoyo. Preste mucha atención al movimiento de su respiración. Cuando respire, tenga en cuenta que está respirando y cómo se siente. Cuando exhales, ten en cuenta que estás exhalando. Haga esto durante toda su práctica de meditación, redirigiendo constantemente la atención a la respiración. O puede seguir prestando atención a las sensaciones, pensamientos y sentimientos que surgen.

El esfuerzo es no agregar nada intencionalmente a nuestra experiencia del momento presente, sino ser conscientes de lo que está sucediendo, sin perdernos en nada que surja. Su mente se distraerá con sonidos, sensaciones y pensamientos. Siempre que eso suceda, reconozca suavemente que se ha distraído y vuelva la atención a la respiración, o al objetivo de darse cuenta de ese pensamiento o sensación. Hay una gran diferencia entre estar dentro del pensamiento / sensación y simplemente *ser consciente* de su presencia. Aprenda a disfrutar su práctica. Una vez que haya terminado, aprecie lo diferente que se sienten el cuerpo y la mente. También existe la práctica del mindfulness durante nuestras actividades diarias: mientras comemos, caminamos y hablamos. Para la meditación de la "vida cotidiana", la práctica es prestar atención a lo que está sucediendo en el momento presente, ser consciente de lo que está sucediendo y no vivir en "modo automático". Si está hablando, eso significa prestar atención a las palabras que habla, cómo las pronuncia y escuchar con presencia y atención. Si está caminando, eso significa ser más consciente de los movimientos de su cuerpo, sus pies tocando el suelo, los sonidos que está escuchando, etc. Su esfuerzo en la práctica sentada apoya su práctica de la vida diaria, y viceversa. Ambos son igualmente importantes.

Meditación de bondad amorosa (Meditación Metta)

Origen y significado
Metta es una palabra pali que significa amabilidad, benevolencia y buena voluntad. Esta práctica proviene de las tradiciones budistas, especialmente los linajes Theravada y Tibetano. La "meditación de compasión" es un campo científico contemporáneo que demuestra la eficacia de metta y las prácticas meditativas relacionadas. Los beneficios demostrados incluyen:

aumentar la capacidad de empatizar con los demás; desarrollo de emociones positivas a través de la compasión, incluida una actitud más amorosa hacia uno mismo; mayor auto aceptación; mayor sentimiento de competencia sobre la vida de uno; y mayor sentimiento de propósito en la vida.

Cómo hacerlo
Uno se sienta en una posición de meditación, con los ojos cerrados, y genera en su mente y corazón sentimientos de bondad y benevolencia. Comience por desarrollar la bondad amorosa hacia usted mismo, luego progresivamente hacia los demás y todos los seres. Por lo general, se recomienda esta progresión:

1. Uno mismo
2. Un buen amigo
3. Una persona "neutral"
4. Una persona difícil
5. Los cuatro anteriores por igual
6. Y luego gradualmente todo el universo

El sentimiento a ser desarrollado es el de desear felicidad y bienestar para todos. Esta práctica puede ayudarse recitando palabras u oraciones específicas que evocan el "sentimiento ilimitado de corazón cálido", visualizando el sufrimiento de los demás y enviando amor; o imaginando el estado de otro ser y deseándole felicidad y paz. Cuanto más practiques esta meditación, más alegría experimentarás. "Para uno, que atiende adecuadamente a la liberación del corazón por la benevolencia, no surge la voluntad no planteada y la voluntad surgida se abandona". - El Buda

2) MEDITACIÓN HINDÚ (védica y yóguica)
Meditación Mantra (Meditación OM)
Origen y significado
Un mantra es una sílaba o palabra, generalmente sin ningún significado particular, que se repite con el propósito de enfocar su mente. No es una afirmación utilizada para convencerse de algo. Algunos maestros de meditación insisten

en que tanto la elección de la palabra como su pronunciación correcta son muy importantes, debido a la "vibración" asociada al sonido y al significado, y que por esta razón es esencial una iniciación en ella. Otros dicen que el mantra en sí mismo es solo una herramienta para enfocar la mente, y la palabra elegida es completamente irrelevante. Los mantras se usan en las tradiciones hindúes, las tradiciones budistas (especialmente el budismo tibetano y de "tierra pura"), así como en el jainismo, el sijismo y el taoísmo (taoísmo). Algunas personas llaman a la meditación mantra "meditación om", pero ese es solo uno de los mantras que se pueden usar. Una práctica de mantras más orientada a la devoción se llama japa, y consiste en repetir sonidos sagrados (nombre de Dios) con amor.

Cómo hacerlo

Como la mayoría de los tipos de meditaciones, generalmente se practica sentado con la columna erguida y los ojos cerrados. Luego, el practicante repite el mantra en su mente, en silencio, una y otra vez durante toda la sesión. A veces, esta práctica se combina con ser consciente de la respiración o coordinarse con ella. En otros ejercicios, el mantra se susurra en voz muy baja y suave, como ayuda para la concentración. A medida que repite el mantra, crea una vibración mental que le permite a la mente experimentar niveles más profundos de conciencia. A medida que medita, el mantra se vuelve cada vez más abstracto e indistinto, hasta que finalmente es llevado al campo de la conciencia pura de donde surgió la vibración. La repetición del mantra te ayuda a desconectarse de los pensamientos que llenan su mente para que tal vez pueda deslizarse en la brecha entre los pensamientos. El mantra es una herramienta para apoyar su práctica de meditación. Los mantras pueden ser vistos como antiguas palabras de poder con intenciones sutiles que nos ayudan a conectarnos con el espíritu, la fuente de todo en el universo.

Estos son algunos de los mantras más conocidos de las tradiciones hindúes y budistas:

- om
- so-ham
- om namah shivaya
- om mani padme hum
- rama
- yam
- ham

Puede practicar durante un cierto período de tiempo, o para un número determinado de "repeticiones", tradicionalmente 108 o 1008. En este último caso, las cuentas se utilizan generalmente para llevar la cuenta. A medida que la práctica se profundiza, puede encontrar que el mantra continúa "por sí mismo" como el zumbido de la mente. O el mantra puede incluso desaparecer, y queda en un estado de profunda paz interior. Meditar con un mantra también puede simplificar la integración de tu estado meditativo en tu vida diaria. En cualquier actividad en la que te encuentres, puede ser tan simple como repetir el mantra en tu mente.

Meditación Trascendental (MT)

Origen y significado
La Meditación Trascendental es una forma específica de Meditación Mantra introducida por MaharishiMaheshYogi en 1955 en India y Occidente. A fines de la década de 1960 y principios de la de 1970, el Maharishi alcanzó fama como el gurú de los Beatles, The Beach Boys y otras celebridades.
Es una forma de meditación ampliamente practicada, con más de 5 millones de practicantes en todo el mundo, y hay mucha investigación científica, muchas patrocinadas por la organización, que demuestran los beneficios de la práctica. Hay más de 600 artículos científicos, muchos de ellos revisados por pares, y he utilizado parte de su investigación al

componer en mi página mis beneficios de la meditación. Sin embargo, también hay críticos del Maharishi y su organización, y algunas acusaciones de comportamiento de culto y prácticas de investigación dudosas.

Cómo hacerlo
La meditación trascendental no es enseñada libremente. La única forma de aprender es pagar para aprender de uno de sus instructores con licencia. Sin embargo, el apoyo brindado parece ser bueno.

En general, sin embargo, se sabe que MT implica el uso de un mantra y se practica durante 15-20 minutos dos veces al día mientras se está sentado con los ojos cerrados. El mantra no es único, y se le da al profesional en función de su género y edad. Tampoco son "sonidos sin sentido", sino que son nombres tántricos de deidades hindúes. Esto probablemente es irrelevante para la mayoría de las personas.

Existe otra técnica similar, llamada Alivio

Natural del Stress, que fue creada en 2003 por un ex maestro de MT, y es mucho más barata de aprender (47 USD en lugar de 960 USD), y ha eliminado algunos elementos místicos de la práctica de MT, como la iniciación (puja) y el vuelo yóguico (parte de MT-Siddhi).

Meditaciones de yoga

Origen y significado
No hay un solo tipo de meditación que sea "meditación yóguica", por lo que aquí se entiende los diversos tipos de meditación que se enseñan en la tradición del yoga. Yoga significa "unión". La tradición llega hasta 1700 a. C. y tiene como objetivo más elevado la purificación espiritual y el autoconocimiento. El yoga clásico divide la práctica en reglas de conducta (yamas y niyamas), posturas físicas (asanas), ejercicios de respiración (pranayama) y prácticas contemplativas de meditación (pratyahara, dharana, dhyana, samadhi). La tradición del yoga es la tradición de

meditación más antigua en la tierra, y también la que tiene la más amplia variedad de prácticas.

Cómo hacerlo
Aquí hay algunos tipos de meditación practicados en Yoga. La meditación de yoga más común y universal es la "meditación del tercer ojo". Otros populares implican concentrarse en un chakra, repetir un mantra, visualizar la luz o contemplar meditaciones.

• **Meditación del tercer ojo**: enfoca la atención en el "punto entre las cejas" (llamado por algunos "el tercer ojo" o "*ajnachakra*"). La atención se redirige constantemente a este punto, como un medio para silenciar la mente. Con el tiempo, las "brechas silenciosas" entre los pensamientos se amplían y profundizan. A veces esto se acompaña físicamente de "mirar", con los ojos cerrados, hacia ese lugar.

• **Meditación del chakra**: el practicante se enfoca en uno de los siete chakras del cuerpo ("centros de energía"), típicamente haciendo algunas visualizaciones y cantando un mantra específico para cada chakra (*lam, vam, ram, yam, ham, om*). Con mayor frecuencia se realiza en el chakra del corazón, el tercer ojo y el chakra de la corona.

- **Meditación de observación (Trataka)**: fija la mirada en un objeto externo, generalmente una vela, imagen o símbolo (*yantras*). Se hace con los ojos abiertos, y luego con los ojos cerrados, para entrenar los poderes de concentración y visualización de la mente. Después de cerrar los ojos, aún debe mantener la imagen del objeto en su "ojo de la mente".

Meditación Kundalini: este es un sistema complejo de práctica. El objetivo es el despertar de la "energía kundalini" que yace latente en la base de la columna vertebral, el desarrollo de varios centros psíquicos en el cuerpo y, finalmente, la iluminación. Hay varios peligros asociados con esta práctica, y no debe intentarse sin la guía de un yogui calificado.

- **Kriya Yoga**: es un conjunto de ejercicios de energización, respiración y meditación enseñados por Paramahamsa Yogananda. Esto es más adecuado para aquellos que tienen un temperamento devocional y buscan los aspectos espirituales de la meditación.

- **Meditación de sonido (Nada Yoga)**: se centra en el sonido. Comienza con la meditación sobre "sonidos externos", como la música ambiental relajante (como la música de flauta nativa americana), por la cual el estudiante enfoca toda su atención solo en escuchar, como una ayuda para calmar y recuperar la mente. Con el tiempo, la práctica evoluciona a escuchar los "sonidos internos" del cuerpo y la mente. El objetivo final es escuchar el "Ultimate Sound" (*para nada*), que es un sonido sin vibración, y que se manifiesta como "OM".

Tantra: a diferencia de la visión popular en Occidente, la mayoría de las prácticas de Tantra no tienen nada que ver con el sexo ritualizado (esto fue practicado por una minoría de linajes. Tantra es una tradición muy rica, con docenas de diferentes prácticas contemplativas. El texto

<u>Vijnanabhairava Tantra</u>, por ejemplo, enumera 108 "meditaciones", la mayoría de ellas más avanzadas (que ya requieren un cierto grado de quietud y control mental). Aquí hay algunos ejemplos de ese texto:

Fusionar la mente y los sentidos en el espacio interior en el corazón espiritual.
Cuando se percibe un objeto, todos los demás objetos se vuelven vacíos. Concéntrate en ese vacío.
Concéntrate en el espacio que ocurre entre dos pensamientos.
Fijar la atención en el interior del cráneo. Ojos cerrados.
Medita con motivo de cualquier gran deleite.
Medita en la sensación de dolor.
Deténgase en la realidad que existe entre el dolor y el placer.
Medite en el vacío en el cuerpo de uno extendiéndose en todas las direcciones simultáneamente.
Concéntrese en un pozo sin fondo o de pie en un lugar muy alto.

Escuche el sonido de Anahata [chakra del corazón].
Escuche el sonido de un instrumento musical mientras se apaga.
Contemplar en el universo o en el propio cuerpo como lleno de dicha.
Concéntrate intensamente en la idea de que el universo está completamente vacío.
Contemplar que la misma conciencia existe en todos los cuerpos.

• Pranayama: regulación de la respiración. No es exactamente meditación, sino una práctica excelente para calmar la mente y prepararla para la meditación. Hay varios tipos diferentes de Pranayama, pero el más simple y más comúnmente enseñado es el 4-4-4-4. Esto significa inhalar contando hasta 4, mantener durante 4 segundos, exhalar durante 4 segundos y mantener vacío durante 4 segundos. Respira por la nariz y deja que el abdomen (y no el pecho) sea el que se mueva. Ir a través de algunos ciclos como este. Esta regulación de la respiración equilibra los estados de ánimo y pacifica el cuerpo, y se puede hacer en cualquier lugar. El yoga es una tradición muy rica, con diferentes linajes, por lo que hay muchas otras técnicas. Pero los de arriba son los más conocidos; los otros son más específicos o complejos.

Autoinvestigación y meditación "Yo Soy"

Origen y significado Auto investigación es la traducción al inglés del término sánscrito atma vichara. Significa "investigar" nuestra verdadera naturaleza, encontrar la respuesta a la pregunta "¿Quién soy yo?", Que culmina con el conocimiento íntimo de nuestro verdadero Ser? nuestro verdadero ser. Vemos referencias a esta meditación en textos indios muy antiguos; sin embargo, fue muy popularizada y ampliada por el sabio indio del siglo XX Ramana Maharshi (1879 ~ 1950). El movimiento moderno de no dualidad (o neo-advaita), que está muy inspirado en sus enseñanzas, así como en las de Nisargadatta Maharaj (1897 ~ 1981) y

Papaji, usa esta técnica y sus variaciones.

Cómo hacerlo
Esta práctica es muy simple, pero también muy sutil. Sin embargo, al explicarlo, puede sonar muy abstracto. Su sentido del "yo" (o "ego") es el centro de su universo. Está allí, de una forma u otra, detrás de todos sus pensamientos, emociones, recuerdos y percepciones. Sin embargo, no tenemos claro qué es este "yo", sobre quiénes somos realmente, en esencia, y lo confundimos con nuestro cuerpo, nuestra mente, nuestros roles, nuestras etiquetas. Es el misterio más grande de nuestras vidas. Con auto investigación, la pregunta "¿Quién soy yo?" Se hace dentro de usted. Debe rechazar cualquier respuesta verbal que pueda surgir, y usar esta pregunta simplemente como una herramienta para fijar su atención en el sentimiento subjetivo de "yo" o del "yo soy". Conviértase en uno con él, profundice en él. Esto revelará su verdadero "yo", su verdadero yo como conciencia pura, más

allá de toda limitación. No es una búsqueda intelectual, sino una pregunta para llamar la atención sobre el elemento central de su percepción y experiencia: el "yo". Esta no es su personalidad, sino un sentimiento puro, subjetivo, de existir, sin imágenes o conceptos adjuntos. Cada vez que surgen pensamientos / sentimientos, usted se pregunta: "¿A quién le surge esto?" O "¿Quién es consciente de _____ (ira, miedo, dolor o lo que sea)?" La respuesta será "¡Soy yo!". Desde entonces preguntas "¿Quién soy yo?" Para devolver la atención al sentimiento subjetivo de uno mismo, de la presencia. Es pura existencia, conciencia sin objeto y sin elección. Otra forma de explicar esta práctica es enfocar la mente en tu sentimiento de ser, el "yo soy" no verbal que brilla dentro de ti. Manténgalo puro, sin asociación con nada de lo que perciba. Con todos los otros tipos de meditación, el "yo" (usted mismo) se centra en algún objeto, interno o externo, físico o mental. En la auto-indagación, el "yo" se enfoca en sí mismo, el sujeto. Es la atención dirigida hacia su fuente.

3) MEDITACIÓN CHINA
Meditaciones Taoístas

Origen y significado
El taoísmo es una filosofía y religión china, que se remonta a Lao Tzu. Hace hincapié en vivir en armonía con la naturaleza, o Tao, y su texto principal es el Tao Te Ching, que data del siglo VI A.C. Más tarde, algunos linajes del taoísmo también fueron influenciados por las prácticas de meditación budista traídas de la India, especialmente en el siglo VIII E.C. La característica principal de este tipo de meditación es la generación, transformación y circulación de la energía interior. El propósito es calmar el cuerpo y la mente, unificar cuerpo y espíritu, encontrar la paz interior y armonizar con el Tao. Algunos estilos de meditación taoísta se centran específicamente en mejorar la salud y proporcionar longevidad.

Cómo hacerlo

Hay varios tipos diferentes de meditación taoísta, y a veces se clasifican en tres: "percepción", "concentración" y "visualización". Aquí hay una breve descripción general:

- Meditación del vacío: sentarse en silencio y vaciarse de todas las imágenes mentales (pensamientos, sentimientos, etc.), para "olvidarse de todo", a fin de experimentar el silencio y el vacío interior. En este estado, la fuerza vital y el "espíritu" se recogen y se reponen. Esto es similar a la disciplina de Confucio de "ayuno corazón-mente", y se considera como "la forma natural". Uno simplemente permite que todos los pensamientos y sensaciones surjan y caigan por sí mismos, sin comprometerse o "seguir" a ninguno de ellos. Si se determina que esto es demasiado difícil y "poco interesante", el alumno recibe instrucciones de otros tipos de meditación, como la visualización y el Qigong
- Meditación de respiración (Zhuanqi):

para concentrarse en la respiración, o "unir mente y qi". La instrucción es "enfoca tu respiración vital hasta que sea extremadamente suave". A veces esto se hace simplemente observando la respiración en silencio (similar a la meditación de atención plena en el Budismo); en otras tradiciones es siguiendo ciertos patrones de exhalación e inhalación, para que uno se dé cuenta directamente de los "dinamismos del Cielo y la Tierra" a través de la respiración ascendente y descendente (un tipo de Qigong, similar al Pranayama en Yoga).
- Neiguan ("observación interna; visión interna"): visualizar dentro del cuerpo y la mente, incluidos los órganos, las "deidades internas", los movimientos de qi (fuerza vital) y los procesos de pensamiento. Es un proceso de familiarizarse con la sabiduría de la naturaleza en su cuerpo. Hay instrucciones particulares para seguir esta práctica, y se requiere un buen libro o un maestro.

Estas meditaciones se realizan sentados

con las piernas cruzadas en el suelo, con la columna vertebral erguida. Los ojos se mantienen semicerrados y fijos en la punta de la nariz.

El Maestro Liu Sichuan enfatiza que, aunque no es fácil, lo ideal es practicar "uniendo la respiración y la mente"; para aquellos que encuentran esto demasiado difícil, recomendaría enfocarse en la parte inferior del abdomen (dantian).

Qigong (Chi Kung)

Origen y significado Qigong (también deletreado chi kung o chigung) es una palabra china que significa "cultivo de energía vital", y es un ejercicio cuerpo-mente para la salud, la meditación y el entrenamiento en artes marciales. Por lo general, implica movimiento lento del cuerpo, enfoque interno y respiración regulada. Tradicionalmente se practicaba y enseñaba en secreto en las tradiciones budistas, taoístas y confucianistas chinas.

En el siglo XX, el movimiento Qigong incorporó y popularizó la meditación taoísta, y "emplea principalmente ejercicios de concentración, pero también favorece la circulación de energía en un modo alquímico interno" (Kohn 2008a: 120).

Las prácticas taoístas también pueden emplear Qigong, pero dado que Qigong también se aplica en otras filosofías chinas, decidí tratarlo como un tema separado.

Cómo hacerlo

Hay miles de diferentes ejercicios de Qigong catalogados, que incluyen más de 80 tipos diferentes de respiración. Algunos son específicos de las artes marciales (para energizar y fortalecer el cuerpo); otros son para la salud (para nutrir las funciones del cuerpo o curar enfermedades); y otros para la meditación y el cultivo espiritual. El Qigong se puede practicar en una posición estática (sentado o de pie), o mediante un conjunto dinámico de movimientos, que es lo que normalmente se ve en los videos de YouTube y en los DVD. Los ejercicios que se realizan como meditación, sin embargo, normalmente se realizan sentados y sin movimiento.

Para entender más sobre Qigong y aprender cómo hacerlo, recomiendo obtener un libro o un set de DVD del Dr. Yang Jwing Ming. Pero aquí va un resumen introductorio de la práctica de la meditación Qigong sentada:

- Siéntese en una posición cómoda. Asegúrese de que su cuerpo esté equilibrado y centrado.
- Relaja todo el cuerpo: músculos, nervios y órganos internos.
- Regule su respiración, haciéndola profunda, larga y suave.
- Calme su mente
- Coloque toda su atención en el "dantien inferior", que es el centro de gravedad del cuerpo, dos pulgadas por debajo del ombligo. Esto ayudará a acumular y enraizar el qi (energía vital). Donde esté su mente e intención, estará su qi. Entonces, al enfocarte en el dantien, estás reuniendo energía en este depósito natural.

- Siente el qi circulando libremente por tu cuerpo.

4) MEDITACIÓN CRISTIANA
En las tradiciones orientales (hinduismo, budismo, jainismo, taoísmo), la meditación generalmente se practica con el propósito de trascender la mente y alcanzar la iluminación. Por otro lado, en la tradición cristiana, el objetivo de las prácticas contemplativas es, se puede decir, la purificación moral y una comprensión más profunda de la Biblia; o una intimidad más cercana con Dios / Cristo, para la corriente más mística de la tradición. Aquí hay algunas formas de práctica contemplativa cristiana:

- Oración contemplativa, que generalmente implica la repetición silenciosa de palabras u oraciones sagradas, con enfoque y devoción
- Lectura contemplativa, o simplemente "contemplación", que implica pensar profundamente acerca de las enseñanzas y eventos en la Biblia.

- "Sentarse con Dios": una meditación silenciosa, generalmente precedida por la contemplación o la lectura, en la cual enfocamos toda nuestra mente, corazón y alma en la presencia de Dios.

5) MEDITACIONES GUIADAS
Origen y significado
La meditación guiada es, en gran parte, un fenómeno moderno. Es una forma más fácil de comenzar, y encontrará meditaciones guiadas basadas en varias de las tradiciones anteriores.

La práctica de la meditación requiere una dosis de determinación y fuerza de voluntad. En el pasado, las personas que practicaban la meditación estaban más comprometidas con ella y también tenían ideales fuertes que alimentaban su motivación. Su vida era más simple, con menos distracciones.

Vivimos en tiempos muy diferentes ahora. Nuestra vida es más ocupada. La fuerza de voluntad es un activo personal menos común. Las distracciones están en todas partes, y la meditación a menudo se busca como un medio para desarrollar una mejor salud, mejorar el rendimiento o mejorar uno mismo.

Por estas razones, la meditación guiada puede ser una buena forma de presentarte la práctica. Una vez que lo domines y desees llevar tu práctica al siguiente nivel, te insto a que pruebes la meditación sin ayuda de audio. Depende de usted decidir cuándo tiene ganas de dar este paso.

Cómo hacerlo

La meditación guiada generalmente viene en forma de audio (archivo, podcast, CD) y, a veces, audio y video. Encontrará que cualquier meditación guiada caerá en una de las siguientes categorías (con cierta superposición, obviamente).

• Meditaciones tradicionales: con este tipo de audios, la voz del maestro simplemente está ahí para "ilustrar" o "guiar" el camino hacia su atención, a fin de estar en un estado meditativo; hay más silencio que voz, y a menudo no hay música. Ejemplos son los ofrecidos por ThichNhatHanh y Tara Brach, que tienen sus raíces en

auténticas prácticas budistas. El propósito es desarrollar y profundizar la práctica en sí, con todos los beneficios que conlleva.
• Imágenes guiadas: utiliza la imaginación y los poderes de visualización del cerebro, guiándote a imaginar un objeto, entidad, escenario o viaje. El propósito suele ser la curación o la relajación.
• Relajación y escáneres corporales: lo ayuda a lograr una relajación profunda en todo el cuerpo. Suele ir acompañado de música instrumental relajante o sonidos de la naturaleza. En Yoga estos se llaman yoga nidra. El propósito es la relajación y la calma.
• Afirmaciones: generalmente, junto con la relajación y las imágenes guiadas, el propósito de estas meditaciones es imprimir un mensaje en su mente.
• Golpes binaurales: los latidos binaurales fueron descubiertos originalmente en 1839 por el físico Heinrich Wilhelm Dove. Descubrió que cuando las señales de dos frecuencias diferentes se presentan por separado, una para cada oído, su cerebro detecta la variación de fase entre las

frecuencias y trata de conciliar esa diferencia. Esto se usa para generar ondas alfa (10 Hz), que es la onda cerebral asociada con los niveles iniciales de meditación. Hay investigaciones científicas sobre por qué y cómo funcionan los latidos binaurales.

Meditación de bondad amorosa

El mero hecho de que estamos vivos hoy es un testimonio de la gran amabilidad de los demás.
Las cinco etapas de la meditación:

1. Preparación
2. Contemplación
3. Meditación
4. Dedicación
5. Práctica posterior
1. Preparación
Nos sentamos en la postura de meditación como se explicó anteriormente y preparamos nuestra mente para la meditación con meditación de respiración. Si nos gusta, también podemos participar

en las oraciones preparatorias.

2. Contemplación

Todos los seres vivos merecen ser apreciados por la gran amabilidad que nos han mostrado. Toda nuestra felicidad temporal y última surge a través de su amabilidad. Incluso nuestro cuerpo es el resultado de la bondad de los demás. No lo trajimos de nuestra vida anterior, se desarrolló a partir de la unión del esperma de nuestro padre y el óvulo de la madre. Una vez que fuimos concebidos, nuestra madre nos permitió amablemente permanecer en su útero, nutriendo nuestro cuerpo con su sangre y calor, soportando una gran incomodidad y finalmente pasando por la terrible experiencia del parto por nuestro bien. Vinimos a este mundo desnudos y con las manos vacías, y de inmediato nos dieron un hogar, comida, ropa y todo lo que necesitábamos. Mientras éramos un bebé indefenso, nuestra madre nos protegió del peligro, nos alimentó, nos limpió y nos amó. Sin su amabilidad no estaríamos vivos hoy.

Todos los que contribuyen de alguna manera a nuestra felicidad y bienestar merecen nuestra gratitud.

Al recibir un suministro constante de alimentos, bebidas y cuidados, nuestro cuerpo creció gradualmente del de un pequeño bebé indefenso al cuerpo que tenemos ahora. Todo este alimento fue proporcionado directa o indirectamente por innumerables seres vivos. Por lo tanto, cada célula de nuestro cuerpo es el resultado de la bondad de los demás. Incluso aquellos que nunca han conocido a su madre han recibido alimento y cuidados amorosos de otras personas. El mero hecho de que estemos vivos hoy es un testimonio de la gran amabilidad de los demás.

Es porque tenemos este cuerpo presente con facultades humanas que podemos disfrutar de todos los placeres y oportunidades de la vida humana. Incluso los placeres simples, como salir a caminar o ver una hermosa puesta de sol, pueden verse como resultado de la bondad de innumerables seres vivos. Nuestras habilidades y capacidades provienen de la amabilidad de los demás; Teníamos que aprender a comer, a caminar, a hablar y a leer y escribir. Incluso el idioma que hablamos no es nuestra propia invención, sino el producto de muchas generaciones. Sin ella no podríamos comunicarnos con los demás ni compartir sus ideas. No pudimos leer este libro, aprender Dharma ni pensar con claridad. Todas las instalaciones que damos por sentado, como casas, automóviles, carreteras, tiendas, escuelas, hospitales y cines, se producen únicamente a través de la amabilidad de los demás. Cuando viajamos en autobús o automóvil damos por sentado los caminos, pero muchas personas trabajaron muy duro para construirlos y hacerlos seguros para que los usemos.

El hecho de que algunas de las personas que nos ayudan pueden no tener intención de hacerlo es irrelevante. Recibimos beneficios de sus acciones, por lo que desde nuestro punto de vista, esto es una amabilidad. En lugar de centrarse en su motivación, que en cualquier caso no conocemos, debemos centrarnos en el beneficio práctico que recibimos. Todos los que contribuyen de alguna manera a nuestra felicidad y bienestar merecen nuestra gratitud y respeto. Si tuviéramos que devolver todo lo que otros nos han dado, no nos quedaría nada. Podríamos argumentar que no se nos dan cosas libremente, sino que tenemos que trabajar por ellas. Cuando vamos de compras tenemos que pagar, y cuando comemos en un restaurante tenemos que pagar. Es posible que tengamos el uso de un automóvil, pero tuvimos que comprarlo, y ahora tenemos que pagar la gasolina, los impuestos y los seguros. Nadie nos da nada gratis. ¿Pero de dónde obtenemos este dinero? Es cierto que, en general, tenemos que trabajar por nuestro dinero, pero son otros los que nos emplean o compran nuestros productos, por lo que indirectamente son ellos los que nos proporcionan dinero. Además, la razón por la que podemos hacer un trabajo en particular es que hemos recibido la capacitación o educación necesaria de otras personas. Dondequiera que miremos, encontramos solo la amabilidad de los demás. Todos estamos interconectados en una red de amabilidad de la que es imposible separarnos. Todo lo que tenemos y todo lo que disfrutamos, incluida nuestra propia vida, se debe a la amabilidad de los demás. De hecho, cada felicidad que hay en el mundo surge como resultado de la bondad de los demás.

Nuestro desarrollo espiritual y la felicidad pura de la iluminación total también dependen de la bondad de los seres vivos. Nuestro desarrollo espiritual y la felicidad pura de la iluminación total también dependen de la bondad de los seres vivos. Los centros Budistas, los libros de Dharma y los cursos de meditación no surgen de la nada, sino que son el resultado del trabajo duro y la dedicación de muchas personas. Nuestra oportunidad de leer, contemplar y meditar en las enseñanzas de Buda depende completamente de la amabilidad de los demás. Además, como se explica más adelante, sin seres vivos para dar, para probar nuestra paciencia o para desarrollar compasión, nunca podríamos desarrollar las cualidades virtuosas necesarias para alcanzar la iluminación. En resumen, necesitamos a otros para nuestro bienestar físico, emocional y espiritual. Sin otros no somos nada. Nuestra sensación de que somos una isla, un individuo independiente y autosuficiente, no guarda relación con la realidad. Está más cerca de la verdad imaginarnos como una célula en el vasto cuerpo de la vida, distinta pero íntimamente unida a todos los seres vivos. No podemos existir sin otros, y ellos a su vez se ven afectados por todo lo que hacemos. La idea de que es posible asegurar nuestro propio bienestar mientras descuidamos el de los demás, o incluso a expensas de los demás, es completamente poco realista.

3. Meditación

Al contemplar las innumerables formas en que otros nos ayudan, debemos tomar una decisión firme: `` Debo apreciar a todos los seres vivos porque son muy amables conmigo ". En base a esta determinación, desarrollamos un sentimiento de aprecio, una sensación de que todos los seres vivos son importantes y que su felicidad importa. Tratamos de mezclar nuestra mente de manera puntual con este sentimiento y mantenerlo todo el tiempo que podamos sin olvidarlo.

4. Dedicación

Dedicamos todas las virtudes que hemos creado en esta práctica de meditación al bienestar de todos los seres vivos al recitar las oraciones de dedicación.

5. Práctica posterior

Cuando surgimos de la meditación, tratamos de mantener esta mente de amor, de modo que cada vez que nos encontramos o recordamos a alguien naturalmente pensamos: "Esta persona es importante, la felicidad de esta persona es importante". De esta manera podemos hacer de los seres vivos nuestra práctica principal.

Meditaciones transformadoras

La meditación es un método para familiarizar nuestra mente con la virtud. Cuanto más familiar está nuestra mente con la virtud, más tranquila y pacífica se vuelve. Cuando nuestra mente está en paz, estamos libres de preocupaciones y molestias mentales, y experimentamos la verdadera felicidad. Si entrenamos nuestra mente para volvernos pacíficos, seremos felices todo el tiempo, incluso en las condiciones más adversas, pero si nuestra mente no es pacífica, incluso si tenemos las condiciones externas más agradables, no seremos felices. Por lo tanto, es importante entrenar nuestra mente a través de la meditación. Cuando nuestra mente está en paz, estamos libres de preocupaciones y molestias mentales, y experimentamos la verdadera felicidad. Hay dos tipos de meditación: meditación analítica y meditación de colocación. Cuando contemplamos el significado de una instrucción de Dharma que hemos escuchado o leído, estamos haciendo meditación analítica. Al contemplar profundamente la instrucción, eventualmente llegamos a una conclusión o hacemos que surja un estado mental virtuoso específico. Este es el objeto de la meditación de colocación. Habiendo encontrado nuestro objeto a través de la meditación analítica, nos concentramos en él de manera puntual durante el mayor tiempo posible para conocerlo profundamente. Esta concentración de un solo punto es la meditación de colocación. A menudo, la meditación analítica se llama simplemente "contemplación" y la meditación de colocación simplemente "meditación". La meditación de colocación depende de la contemplación, y la contemplación depende de escuchar o leer las instrucciones del Dharma. Dado que la mayoría de los problemas que experimentamos cuando somos nuevos en la meditación provienen del sobreesfuerzo en la meditación de colocación, es importante ser moderado y evitar ponerse tenso al ejercer demasiada presión. El esfuerzo que aplicamos debe ser relajado y constante, y cada vez que nos cansemos debemos descansar.

Postura de meditación

Cuando practicamos meditación necesitamos tener un asiento cómodo y una buena postura. La característica más importante de la postura es mantener la espalda recta. Para ayudarnos a hacer esto, si estamos sentados en un cojín, nos aseguramos de que la parte posterior del cojín esté ligeramente más alta que la delantera, inclinando la pelvis ligeramente hacia adelante. Al principio no es necesario sentarse con las piernas cruzadas, pero es una buena idea acostumbrarse a sentarse en la postura del Buda Vairochana. Si no podemos mantener esta postura, debemos sentarnos en una que esté lo más cerca posible de esta, mientras permanecemos cómodos.

Las siete características de la postura de Vairochana son:

1. Las piernas se cruzan en la postura vajra. Esto ayuda a reducir los pensamientos y sentimientos de apego deseoso.
2. La mano derecha se coloca en la mano izquierda, con las palmas hacia arriba, con las puntas de los pulgares ligeramente levantadas y tocando suavemente. Las manos se sostienen aproximadamente a cuatro dedos de ancho debajo del ombligo. Esto nos ayuda a desarrollar una buena concentración. La mano derecha simboliza el método y la mano izquierda simboliza la sabiduría: las dos juntas simbolizan la unión del método y la sabiduría. Los dos pulgares al nivel del ombligo simbolizan el fuego del fuego interior.
3. La espalda es recta pero no tensa. Esto nos ayuda a desarrollar y mantener una mente clara, y permite que los vientos de energía sutil fluyan libremente.

Los labios y los dientes se sostienen como de costumbre, pero la lengua toca la parte posterior de los dientes superiores. Esto evita la salivación excesiva al tiempo que evita que nuestra boca se seque demasiado.

5. La cabeza se inclina un poco hacia adelante con la barbilla ligeramente doblada hacia adentro para que los ojos estén bajos. Esto ayuda a prevenir la excitación mental.

6. Los ojos no están bien abiertos ni completamente cerrados, pero permanecen medio abiertos y miran hacia abajo a lo largo de la línea de la nariz. Si los ojos están bien abiertos, es probable que desarrollemos excitación mental y si están cerrados, es probable que desarrollemos un hundimiento mental.

7. Los hombros están nivelados y los codos se mantienen ligeramente alejados de los costados para que circule el aire.

Si queremos colorear nuestra mente con una motivación virtuosa, necesitamos despejar todos nuestros pensamientos negativos y distracciones. Otra característica de la postura de Vairochana es la meditación respiratoria preliminar, que prepara nuestra mente para desarrollar una buena motivación.

Cuando nos sentamos a meditar, nuestra mente generalmente está llena de pensamientos perturbadores, y no podemos convertir inmediatamente ese estado mental en el virtuoso que necesitamos como motivación. Un estado mental negativo y perturbado es como una tela negra. No podemos teñir un paño de color negro oscuro a ningún otro color a menos que primero eliminemos todo el tinte negro y hagamos que el paño sea blanco nuevamente. Del mismo modo, si queremos colorear nuestra mente con una motivación virtuosa, necesitamos despejar todos nuestros pensamientos negativos y distracciones. Podemos lograr esto temporalmente practicando meditación de respiración.

Conclusión

¡Gracias nuevamente por descargar este libro!
Espero que este libro pueda ayudarte a meditar de manera efectiva y hacer que la meditación sea parte de tu vida diaria

¡Gracias y buena suerte!

www.ingramcontent.com/pod-product-compliance
Lightning Source LLC
Chambersburg PA
CBHW071848070526
44583CB00016B/1587